Ingeborg Clarus

OPFER, RITUS, WANDLUNG

Ingeborg Clarus

OPFER RITUS WANDLUNG

Eine Wanderung durch Kulturen und Mythen

Patmos Verlag Düsseldorf

Die Deutsche Bibliothek – CIP-Einheitsaufnahme

Clarus, Ingeborg
Clarus, Ritus, Wandlung : eine Wanderung durch Kulturen und Mythen /
Ingeborg Clarus. - 1. Aufl.
Düsseldorf : Patmos-Verl., 2000
ISBN 3-491-72425-2

1. Auflage 2000

Umschlagabbildung: Keltischer Opferkessel aus Gundestrup, Dänemark
Umschlaggestaltung: Volker Butenschön, Lüneburg
Gesamtherstellung: Friedrich Pustet, Regensburg
ISBN 3-491-72425-2

INHALTSVERZEICHNIS

„UND KÖNNT IHR DES HERZENS BEGIERDE NICHT ZÄHMEN, SO MÖGEN DIE KLEINEN DIE GROSSEN BESCHÄMEN."

*

EINLEITUNG

Seit Menschengedenken gibt es Opfer.

In allen Naturgewalten, in Wind und Wetter, Blitz und Donner, in Sturmfluten, Vulkanausbrüchen und von den Bergen zu Tal stürzenden Lawinen erlebte der Mensch Gewalten, deren Macht er nicht gewachsen war. In der Finsternis der Nacht spürte er den Tod und im wieder aufleuchtenden Tag die Rückkehr des Lebens. – Wache Menschen werden noch heute ergriffen, wenn sie diesen Mächten begegnen und ihnen ausgeliefert sind, und sie werden aus solchen Begegnungen stets als innerlich Veränderte hervorgehen. – Ganz unvermittelt kann sich in Situationen der Angst, des überwältigenden Staunens, oder der rettenden Erlösung das einstellen, was ein Gebet ist. In Bitte und Dankbarkeit erhebt ein Mensch die Hände zu einem höheren Wesen, das über allem waltet, und das er Gott nennt. Ihm bringt er dar, was er hat: ein Lied, einen Tanz, oder irgend eine Kostbarkeit.

Im kultischen Tanz beschritt der Mensch symbolisch einen Weg zu seiner Gottheit. Dieser Weg konnte nach „oben" in himmlische Regionen führen, oder nach „unten", in die Tiefen der Erde, aus der er immer neues Leben aufsprießen sah.

Insofern ist das Opfer ein Verbindungsweg. Kein Weg, den wir mit unseren Füßen gehen, läßt uns unverändert zurückkehren. Auch auf seinen kultischen Wegen erlebt der Mensch eine Wandlung. Bei jeder Wandlung des Lebens stirbt etwas Altes, und etwas Neues tritt in Erscheinung.

Der westeuropäische Mensch des ausgehenden zwanzigsten Jahrhunderts steht jedoch dem Phänomen des Opfers oft ratlos gegenüber. In unserer Sprache wird das Wort „Opfer" in einer verwirrenden Vielfalt benutzt. Und diese Sprach-Verwirrung bringt zum Ausdruck, daß das, was ursprünglich gemeint war, heute nicht mehr verstanden wird. Denn die meisten Menschen unserer Zeit verbinden mit „Opfer" fast ausschließlich negative Vorstellungen. Ein rational geschultes Denken fragt in erster Linie danach, welchen Gewinn ein Opfer bringen kann. Und wenn man diesen Maßstab an alles anlegt, was zum Beispiel in den Medien als „Opfer" bezeichnet wird, dann steht man vor einem hoffnungslosen Scherbenhaufen.

Nicht viel besser als den reinen Rationalisten ergeht es jenen Menschen, die das Wort Opfer „moralisch" verstehen, im Extremfall in dem Sinn, daß ein „Opferer" die Verpflichtung habe, sich seelisch und materiell zugrunde zu richten.

Wenn wir die wesentliche Bedeutung einer Sache nicht verstehen können, dann ist es manchmal heilsam, erst einmal einen gewissen Abstand zu gewinnen. Von ferne erscheinen manche Dinge, die uns in der Nähe bedrängen, anders, als wenn wir mitten im Wirbel, z. B. einer Diskussion befangen sind.

Ich möchte nun die Leser dieses Buches einladen, mit mir eine Wanderung in lange vergangene Kulturepochen und deren Mythen zu unternehmen. Die Äußerungsformen dieser Mythen in Wort und Bild muten uns zunächst recht fremd an. Aber denken wir nur daran, wie sich uns ein an sich „bekannter" Text der eigenen Literatur mitunter neu erschließen kann, wenn wir einen entsprechenden Inhalt aus einer fremden Sprache entziffern und dann übersetzen müssen. Die „fremde" Sprache zwingt uns, neu und genauer hinzusehen und nachzudenken. Und bei solcher Gelegenheit kann uns plötzlich ein Licht über den Inhalt von scheinbar längst bekannten Dingen aufgehen, die uns bisher durch uns unverständliche, oder nicht mehr verstehbare Äußerungsformen unserer gängigen Sprache verstellt waren.

So erging es mir während einer lebenslänglichen Beschäftigung mit altem Märchen- und Erzählgut. Im Laufe der Zeit stellte sich (neben anderem) ein wichtiges Leit-Motiv ein. Sein Ausdruck verwandelte sich von Kultur zu Kultur, aber sein Sinn blieb der gleiche. Es war das Phänomen des Opfers. Wie ein Archetypus, so läßt sich das Opfer durch alle Zeiten und alle Kulturen verfolgen. Aber so, wie ein Archetypus seine Erscheinungsform von Kultur zu Kultur, ja, von Individuum zu Individuum variiert, so verschiebt sich auch der Schwerpunkt vom Sinn des Opfers. – Man kann von einer Entwicklung vom kollektiven, äußerlich verstandenen Opfer, zu einem persönlichen, innerseelischen Opfer des Menschen sprechen.

In diesem Sinn setze ich mich im Verlauf meiner Darstellungen schrittweise damit auseinander, inwiefern alte Mythen heute noch in uns lebendig sind, sofern wir ihren Inhalt neu zu verstehen lernen.

Der Sinn des Opfers ist seit Menschengedenken der gleiche geblieben. Aber die Herausforderungen unserer Zeit zwingen uns zu neuem Nachdenken über das, was ein Opfer für uns heute noch, oder wieder sein kann. – Ein Opfer ist ein Weg und Bindeglied *(re-ligio),* und es erhält uns lebendig im weitesten Sinn des Wortes.

Von der Antwort auf die Frage, in welcher Form der heutige Mensch noch Opfer bringen kann und will, kann es abhängen, ob wir Menschen unseren Planeten – und damit uns selber – zerstören, oder ob wir noch zur Wandlung auf eine neue, lebenswerte Kulturstufe fähig sein werden.

I. DIE FRÜHEN JÄGER[1]

Für die Angehörigen der frühen Jägerkulturen war es selbstverständlich, daß die Tiere beseelte Wesen sind, die dem Schutz eines Herren und einer Herrin der Tiere unterstehen (S. 23/24). Deshalb mußten die Jäger die Schutzgottheit der Tiere bitten, sie möge die Seelen der Tiere einfangen und die Erlaubnis erteilen, den Leib des Wildes zu töten und zu ihrer Nahrung zu verwenden. Meistens war es die Aufgabe des Schamanen der Volksgruppe, mit den Herren oder Müttern der Tiere in Verbindung zu treten. Die erteilte Erlaubnis hatte zur Bedingung, daß der Mensch nicht mehr nahm, als er zu seinem Lebensbedarf benötigte – und daß er mit den Knochen, in welchen das Lebensmark der Tiere seinen Sitz hat, sorgfältig umging. Das Fell, die Köpfe und die Hörner der Tiere sammelte man und legte sie geordnet zusammen. Aus diesen wichtigen Skelett-Teilen und dem Fell, so nahm man an, würde sich das Wild wieder beleben und die Art erhalten bleiben. Um die Gnade der Schutzgottheit der Tierart zu erlangen, mußte der Mensch ihr Opfer darbringen, und man opferte die genannten Körperteile, an welche die Seelen gebunden sind.

Einen Hinweis auf diesen Brauch vermitteln z. B. die kultischen Bestattungen von Bärenschädeln, die man in manchen Höhlen gefunden hat (S. 71 und 179). Auf Felszeichnungen in Südfrankreich gibt es Darstellungen, auf denen Fell, Schädel, Rückgrat und die Läufe eines Bisons zu sehen sind, dazu menschliche Gestalten, die vielleicht das Opferritual zur Wiederbelebung des Tieres vollziehen.[2]

Aufschlußreich sind die Schilderungen, wie der Schamane der Frühzeit die Fähigkeit erwarb, mit den Göttern der Tierseelen in Verbindung zu treten (S. 52 – 59): Es heißt, daß der werdende Schamane selber von einer Tiermutter geboren wird, oder daß diese Mutter seine Seele aus einem Ei ausbrütet, und daß sie ihn mit geronnenem Blut (also aus dem Blut eines Toten) aufzieht. Danach widerfährt ihm das gleiche Schicksal wie dem Jagdwild, um dessen Tötung für die Menschen er später bitten wird: Er wird drei schwarzen und dürren Geistern übergeben, die sein Fleisch in Stücke schneiden und an die Geister derjenigen Krankheiten verteilen, die der „fertige" Schamane später zu heilen vermag. Vorher aber wird er noch in einen großen Kessel geworfen und gar gekocht. Sein Kopf und seine Glieder werden sorgfältig zusammengelegt, und wenn alles gar gekocht ist, dann ist der Schamane „fertig", also reif für den Dienst an der Gemeinschaft. Dieser Prozeß konnte mehrere Tage oder Monate in Anspruch nehmen, und während dieser Zeit lag der Körper des Menschen regungslos da, wie tot. Die Zerstückelung, „Belehrung" und Neu-Belebung führte den Aspiranten dieses Initiationsweges während seiner Trance in quälende Todesnähe (S. 47, 169). Während solcher Träume begab sich die Seele eines australischen Schamanen ins tiefste Innere der Erde. Dort, so „wußte" man, lebt auf dem Grunde des Großen Wassers eine Schlange, welche die Schöpferkraft der Welt verleiblicht. Wenn der Mensch durch die Dunkelheit des Wassers bis ins Innerste der Erde vorgedrungen ist, dann begegnet er in einer hell erleuchteten Höhle zwei Schlangen, die sich begatten, und aus den derart gezeugten Kinder-Keimen entstehen die Seelen der Menschen. Der Schamane ist also bis zu seinem eigenen und zu seines Volkes Ursprung vorgedrungen. „Er fühlt von da an ein strahlendes Licht und eine große Helligkeit in seinem eigenen Inneren",[3] die seine seelische Verwandlung und seine nun erworbene Fähigkeit anzeigt, anderen Menschen zu helfen.

Die Gabe, für Andere zum Helfer zu werden, setzt also die Selbstopferung der ursprünglichen Identität des späteren Schamanen voraus. Alles, was er vorher war, muß sterben und neu geboren werden. Und diese Erfahrung befähigt ihn auch später, mit den Schutzgeistern des Lebens der Menschen und der Tiere in Verbindung zu treten: um Nahrung für die Menschen zu erhalten, oder auch um Krankheiten eines Individuums oder der ganzen Gemeinschaft zu heilen.

Das Bärenritual der Ainu auf Hokkaido[4]

Das Bärenritual der Ainu[5] wurde von John Batchelor beschrieben, der dieses Opferfest selber beobachtet hat. Er teilt ausführlich mit, was er vor hundert Jahren selber erlebt hat:

> „Als erstes wird ein möglichst junger Bär aus der Wildnis geholt, was nicht selten mit Lebensgefahr verbunden ist. Das Bärenkind lebt in einer Familie, es wird liebevoll behandelt, erhält die besten Leckerbissen, und die Kinder spielen mit ihm. Sobald das Tier für die Familie zu groß geworden ist, wird es in einen Käfig gesperrt, aber weiterhin mit freundlicher Zuwendung und mit bestem Futter versorgt. Nach etwa drei Jahren ist der Bär ein ausgewachsenes Jungtier, und eines Tages beginnt sein Fest. Der ehemalige Fänger verkündet nun allen Mitgliedern des Clan: ‚Ich habe vor, das liebe, kleine, göttliche Ding zu opfern, das in den Bergen wohnt. Wir wollen uns versammeln in der großen Freude, den Gott fortzuschicken‘ (zu seinen Ahnen). Wenn alle, festlich geschmückt, beisammen sind, wird der Bär feierlich aus seinem Käfig geführt. Ein ausgewählter Ainu setzt sich vor ihm nieder und verkündet dem Tier, daß es nun zu seinen Eltern zurückgesendet würde. Er bittet um Verzeihung für das, was man ihm antun werde, es sei eine große Ehre, und man werde ihm den köstlichsten Proviant für die Heimreise mitgeben. Sodann vernimmt der Bär die Worte: ‚Oh du Göttlicher ..., du kostbare kleine Gestalt, wir verehren dich, bitte erhöre unser Gebet. Wir haben dich ernährt und dich aufgezogen mit großer Mühe und Last, alles, weil wir dich lieben. Nun ... sind wir dabei, dich zu deinem Vater und deiner Mutter zu senden ...

sprich bitte gut von uns zu ihnen, wie freundlich wir gewesen sind. Bitte komm wieder zu uns, wir werden dich wieder opfern.' Der nächste Schritt des Rituals besteht darin, den Bären zur größten Entfaltung seiner gewaltigen Kraft und Wildheit zu bringen. Man bindet ihn an und quält ihn durch den Beschuß mit vielen kleinen Pfeilen, wogegen er sich verzweifelt wehrt. Endlich, wenn er völlig erschöpft ist, werden ihm alle Glieder auseinandergerissen wie bei einer Vierteilung, und zwar so, daß die Herzgegend freiliegt und ein großer Pfeil in sein Herz geschossen werden kann. Dabei darf kein Blut fließen. Im letzten Todeskampf wird der Bär zwischen große Balken gezwängt und erdrosselt. Anschließend wird das Tier gehäutet. Man schneidet ihm den Kopf ab und trinkt sein Blut, um die Kraft, Tapferkeit und alle guten animalisch-göttlich gedachten Eigenschaften des Bären in sich aufzunehmen. Das Fleisch wird gekocht und gebraten, die Eingeweide verzehrt man roh. Das Fleisch wird in kleinen Stücken an die ganze Festgemeinde verteilt, an der auch die Frauen und Kinder Anteil haben. Alle sollen etwas von der „Bärenkraft" verinnerlichen, und auf diese Weise mit der Gottheit in enge Verbindung treten. Wer seine Kleider mit Bärenblut beschmiert hat, wird außerdem Erfolg bei der Jagd haben.

Nun breitet man das Fell des Bären vor dem ‚östlichen Fenster' aus und legt darauf die Knochen und den Kopf. Dann werden vor dem Kopf köstliche Speisen aufgetischt und ein festlich geschmückter Kultpfahl, der ‚Pfahl des Absendens' errichtet."

Wenn wir diesen Bericht gehört haben, sind wir zunächst entsetzt und fragen, wozu diese Tierquälerei notwendig sein soll? – Um das zu verstehen, müssen wir einerseits von unserem rationalen Verstand Gebrauch machen, aber gleichzeitig auf das Niveau derjenigen Menschen zurückkehren, die das Bärenritual begehen. Wir wissen von dem grausamen Spiel des Raubtieres Katze mit der Maus, daß sie ihr Opfer keineswegs sofort tötet und frißt; denn das, was der Katze außer dem

Fleisch der Maus „Kraft", d. h. Lebensenergie verleiht, ist das Adrenalin, welches das von Angst gepeinigte kleine Tier ausschüttet. Dies wiederum versetzt das Raubtier in neue Jagd- und Kampfbereitschaft. Und so können wir uns vorstellen, daß in dem von Todesangst gepeinigten Bären etwas ähnliches geschieht. Sein Adrenalin kann bei dem Opfer-Ritual die gleiche ekstatische Wirkung auf die Gemeinschaft des Festmahls haben, wie auf die Katze – nur mit dem großen Unterschied, daß der Bär das Totem-Tier der Ainu ist und deshalb nur unter einem feierlich religiösen Zeremonial geopfert, getötet und verzehrt werden darf.

Die Ainu stehen in ihrem religiösen Empfinden auf einer animistischen Bewußtseinsebene. Das Opfertier ist der Repräsentant ihrer Gottheit, die sie lieben, verehren, und mit der sie Gemeinschaft haben möchten, um ihrer Kräfte teilhaftig zu werden. Man könnte bei dieser Opferung auf animistischer Stufe von einer „Kreuzigung" des Totem-Tieres sprechen. Das „Fleisch und Blut" des Sohnes der Großen Gottheit wird im kultischen Mahl real „verinnerlicht".Vorher wird der „Bruder Bär" in die menschliche Gemeinschaft geholt, und von dort wieder zu den Eltern des Stammes zurück geschickt, von denen Menschen und Tiere gemeinsam abstammen. Der Weg zurück zum „Ursprung" ist ein Todes-Weg, der die Voraussetzung zu einer steten Erneuerung des Lebens ist.

Anmerkungen

1 Die in Klammern angeführten Seitenzahlen dieses Kapitels beziehen sich auf ein Buch von Andreas Lommel, „Die Welt der frühen Jäger", München 1965

2 Ein Text aus dem Hymir-Lied der älteren Edda und des Gylfaginning der jüngeren Edda des Snorri Sturluson („Texte der Forschung", Bd. 48, s. 507/508, Wissenschaftliche Buchgesellschaft Darmstadt, 1984) berichtet, wie der Gott Thor seine beiden Böcke für seine Gastgeber am Abend schlachtet, aber fordert, daß die Knochen unverletzt auf die Felle geworfen werden müssen. Daraus läßt er die Tiere am nächsten Morgen wieder auferstehen.

3 Lommel, S. 47

4 Die angegebenen Seitenzahlen stammen aus *Mircea Eliade*, Quellentexte zur Geschichte der religiösen Ideen,S. 182 ff., Herder, Freiburg 1981

5 Die Ainu sind ein kleines Jäger- und Fischervolk, das zur japanischen Urbevölkerung gehört. Sie leben auf der nordjapanischen Halbinsel Hokkaido.

2. DIE OPFER DER FRÜHEN AGRAR-KULTUREN

Bei den Opfern der Jägerkulturen war es wichtig, daß sich die Menschen das Fleisch und Blut der Tiere einverleibten, um der Lebenskraft des (vergöttlichten) Tieres teilhaftig zu werden, und auf diese Weise Gemeinschaft mit dem Gott zu erlangen. Dabei erfuhren wir, daß das Fleisch verzehrt, die Knochen aber als Sitz der Seelen sorgfältig dem „Vater und der Mutter“ der Tiere zurückerstattet wurden, weil aus dem Knochenmark die Regeneration der Art erfolgt.

Bei den Opfern der Ackerbauern ist etwas anderes wichtig: Nämlich daß die Erde mit Blut getränkt wird. Die Knochen werden außerdem als Lebenskeime im Erdboden vergraben.

Die Befruchtung des Ackers hat ebenso mit Tod und Neugeburt zu tun wie bei den Jägerkulturen. Aber der Akzent liegt auf einer anderen Ebene. Das wird besonders deutlich in einem Mythos aus Ceram im westlichen Neuguinea, den Adolf E. Jensen aufgezeichnet hat.[6]

Der Hainuwele-Mythos

Der stark gekürzte Inhalt dieses Mythos ist der folgende:

> Die Dema sind göttliche Schöpferwesen der Urzeit, die manchmal auch in menschlicher Gestalt erscheinen. Der Mythos berichtet von der Tötung einer Dema-Göttin (Hainuwele) durch die Dema-Menschen der Urzeit. Die Bedeutung des Namens der Hainuwele ist „Kokospalmzweig“.
>
> Einst jagte ein dunkler Mann (Ameta) einen wilden Eber, der auf der Flucht ertrank. An einem seiner Hauer fand

Ameta eine Kokosnuß, und der Jäger vernahm im Traum den Befehl, diese Nuß zu pflanzen. Schon nach drei Tagen war eine Kokospalme gewachsen, die nach weiteren drei Tagen blühte. Ameta schnitt die Blüte ab. Dabei verletzte er sich einen Finger, und ein Blutstropfen fiel auf die Blüte. Nach neun Tagen war dieser „Befruchtung" ein kleines Mädchen entsprossen, welches auf der Blüte saß. Ameta nahm das Kind pfleglich auf, und nach weiteren drei Tagen wurde das Kind zu einem heiratsfähigen Mädchen. Nun gab es bei dem Volk der Dema ein neuntägiges Fest, und in einer großen neunfachen Spirale fand ein Tanz statt. In der Mitte der Spirale saßen alle Mädchen und Frauen, die den tanzenden Männern Betel-Nüsse[2] zum Kauen reichten. Hainuwele aber verteilte keine Betel-Nüsse, sondern in jeder Tanznacht eine andere, größere Kostbarkeit, z. B. Korallen oder goldene Ohrringe. Das waren andere Reichtümer als jene, die die Fruchtbarkeit anregen. Den Dema-Menschen wurde das Mädchen unheimlich, und die Männer gruben in der Mitte des Tanzplatzes (der Spirale!) eine tiefe Grube. Nun drängten sie in immer enger werdenden Tanzrunden Hainuwele in diese Vertiefung. Man begrub sie unter der Erde, und die Männer stampften tanzend die Erde über diesem Grab fest. Ameta aber, ihr „Vater", vermißte Hainuwele. Er suchte und fand sie, er grub ihren Leichnam aus, zerschnitt ihn in viele Stücke und begrub diese Teile einzeln im ganzen Land. Aus den vergrabenen Körperteilen der Hainuwele entsprossen viele neue Pflanzen, vor allem aber die Knollenfrüchte, von denen die Menschen hauptsächlich leben.

Satena, eine andere große Dema-Göttin aber zürnte den Menschen wegen des Mordes an Hainuwele. Sie verfertigte nun selber eine neue, neunteilige Spirale, an deren Eingang sie sich selbst stellte. Nur die Menschen, denen es gelang, den Eingang zu diesem Labyrinth zu passieren, behielten ihre menschliche Gestalt, alle anderen wurden zu Tieren. Danach verschwand die Große Göttin von der Erde mit der

Verheißung, daß nur die Mensch-Gebliebenen im Tod wieder zu ihr gelangen würden.

Hainuwele, die Vegetations-Göttin, wird ermordet, indem man sie rhythmisch tanzend und singend unter die Erde zwingt, was offenbar die Voraussetzung zu einer neuen Fruchtbarkeit ist. Die Menschen aber müsssen den durch den Mord erkauften Gewinn mit ihrer eigenen Sterblichkeit bezahlen – so sieht es zunächst aus. Im Symbol der Spirale erleben sie jedoch, soweit sie wirkliche Menschen und nicht nur animalische Wesen sind, die Einweihung in einen Weg des Todes und der Verwandlung. Die Große Göttin verkündet den Menschen, daß dieser Weg große Mühen bedeutet, und daß sie zum wahren Leben bei der Göttin nur gelangen werden, wenn sie im Tod den Weg durch die neunfache Lebensspirale zu einer neuen Geburt finden. So wird im Bild des Opfers eines Lebenskeimes (in Gestalt des Hainuwele-Palmenzweiges) der Weg zur Erlösung des Menschen im Tod beschrieben, und das heißt, durch die Verwandlung in eine neue, wahrhaft menschliche Seinsform.

Jensen berichtet noch zahlreiche andere Beispiele für die Befruchtung der Erde durch Menschenblut, darunter ein Ereignis, welches J. J. Tschudi in seinem Werk über Peru beschreibt und vor heute 150 Jahren selber beobachtet hat:[3]

„Am Tage des Heiligen Antonio versammelten sich die Bewohner des Dorfes. Alle Männer waren mit starken Knüppeln bewaffnet. Sie teilten sich in zwei Parteien und fingen auf ein Signal hin an, sich mit der größten Erbitterung zu bekämpfen. Sobald einer mit zerschlagenem Kopf niederfiel, stürzten sich die Weiber auf ihn, sammelten das lebenspendende Blut ... und bewahrten es sorgfältig auf ... Der Zweck dieses barbarischen Gemetzels war einzig, Menschenblut zu erhalten, um es auf den Äckern zu vergraben und dadurch eine sichere Ernte zu erzielen."

Mircea Eliade[4] beschreibt sehr präzise den Unterschied der mit den Opfern verbundenen religiösen Vorstellungen bei

Ackerbauern und frühen Jägern, weshalb ich sein Resumé zusammenfassend an das Ende dieses Kapitels setze.

„In den frühen *Jägerkulturen* symbolisiert der Knochen die letzte Wurzel des animalischen Lebens. Vom Knochen werden Tiere und Menschen wiedergeboren, nachdem das Fleisch vernichtet und folglich die Reduzierung des Lebens auf sein letztes, unzerstörbares Sein erfolgt ist. – Die *Ackerbauern* dagegen sehen in der Erde die letzte Quelle des Lebens und vergleichen folglich den menschlichen Körper mit dem Samen, den man in die Scholle versenken muß, damit er keimen kann. In den Initiationsriten zahlreicher Ackerbau betreibender Völker werden die Neophyten symbolisch begraben, oder sie erleiden die Regeneration in den embryonalen Zustand im Schoß der Mutter Erde."

Anmerkungen

1 Adolf E. Jensen, „Die getötete Gottheit", Kohlhammer, Stuttgart 1966
2 Die Betel-Nüsse sind laut Duden „ein gängiges Reizmittel"
3 J. J. Tschudi, Peru. St. Gallen 1846
4 Mircea Eliade, „Mysterium der Wiedergeburt", Inselverlag 1988, S. 174

3. ZWEI OPFER-ERZÄHLUNGEN AUS DER WELT DES ALTEN TESTAMENTS

Das folgende Kapitel gehört in seinem ersten Teil zunächst noch in das Gebiet der Opferriten der frühen Jäger, sowie deren Nachfolger, der nomadisierenden Viehhirten und der Ackerbauern. Aus dem Alten Testament liegen uns jedoch Texte vor, in denen ein ganz neuer Akzent wichtig wird, mit dem sich die opfernden Menschen auseinandersetzen müssen. Denn diese zu einer neuen Bewußtseinsstufe Erwachenden bringen ihre Opfer nicht mehr fraglos und einfach an alte Stammesriten gebunden dar, sondern sie werden durch ihre persönlich empfundene Verbindung mit ihrem Gott Jahwe zum Nachdenken über ihre Handlungen gezwungen. Ihnen werden ethische Gesichtspunkte wichtig, und sie können eine mit dem Opfer verbundene innere Verwandlung erleben. Aus der Fülle der Opfervorstellungen des Alten Testamentes wähle ich für unsere Darstellung das Opfer von Kain und Abel, sowie die Opferung Isaaks durch seinen Vater Abraham. Vor beiden Erzählungen steht der Leser unserer Tage oft ratlos, wenn er sie zum erstenmal hört oder liest.

Das Opfer von Kain und Abel[1] (1 Mos. 4. 1 – 16)

Der Text berichtet:

> „Der Mensch (Adam) erkannte sein Weib Chawwa (Eva), und sie ward schwanger und gebar *Kain* … Und weiter gebar sie seinen Bruder *Abel*. Abel ward ein Hirt, Kain aber wurde ein Ackerbauer. Nach geraumer Zeit begab sich's nun, daß Kain von den Ackerfrüchten ein Opfer darbrachte. Aber auch Abel brachte dar, nämlich von den Erstlingen seiner Herde und ihrem Fett. Jahwe aber sah auf

Abel und seine Gabe, aber auf Kain und seine Gabe sah er nicht. Da entbrannte Kain sehr, und es senkte sich sein Angesicht. Aber Jahwe sprach zu Kain: ‚Warum bist du entbrannt, und warum ist dein Angesicht gesenkt? Ist es nicht so? Wenn du gut bist, kannst du es aufheben. Bist du aber böse, so lauert die Sünde vor der Tür, und nach dir steht ihr Verlangen; du aber sollst Herr werden über sie.‘ – Darauf sprach Kain zu seinem Bruder Abel: ‚Laß uns aufs Feld gehen.‘ Und als sie auf dem Feld waren, erhob sich Kain gegen seinen Bruder Abel und schlug ihn tot. Da sprach Jahwe zu Kain: ‚Wo ist dein Bruder Abel?‘ Kain antwortete: ‚Soll ich meines Bruders Hüter sein?‘ Jahwe sprach weiter: ‚Was hast du getan? Horch, das Blut deines Bruders schreit von der Ackererde zu mir empor. Und nun, verflucht seist du von der Ackererde hinweg, die ihren Mund aufgetan hat, aus deiner Hand das Blut deines Bruders zu empfangen. Wenn du den Acker bebaust, so soll er dir hinfort seinen Ertrag verweigern, unstet und flüchtig sollst du hinfort auf Erden sein.‘
Da sprach Kain zu Jahwe: ‚Meine Strafe ist zu groß, als daß ich sie tragen könnte. Siehe, du verjagst mich jetzt von der Ackererde, vor deinem Angesicht muß ich mich verbergen und unstet und flüchtig muß ich sein auf Erden; so wird mich jeder, der mich findet, totschlagen.‘ Jahwe aber sprach zu ihm: ‚Nein! Wer immer Kain totschlägt, an dem wird es siebenfach gerächt.‘ Und Jahwe machte dem Kain ein Zeichen, damit ihn nicht jeder, der ihn fände, erschlüge. So ging Kain weg vom Angesicht Jahwes und wohnte im Land Nod, östlich von Eden.“

Die Geschichte der Brüder Kain und Abel, die ihrem Gott ein Opfer darbringen, ist zunächst unverständlich. Warum lehnt Gott die Gabe der Früchte des Feldes von dem Ackerbauer Kain ab und sieht nur wohlwollend auf den Hirten Abel und dessen blutiges Tieropfer? Wir erfahren nichts über die Art der Darbringung: Wurden etwa die Früchte des Feldes auf einen Altar gelegt, um dort gesegnet und dann im kultischen

Mahl verzehrt zu werden, oder wurden sie verbrannt, und der aufsteigende oder niedergedrückte Rauch zeigte an, ob das Geschenk von Jahwe angenommen oder abgelehnt wurde? Das Tieropfer wurde in anderen Kulturen in der Regel teilweise als Brandopfer offeriert (vor allem das Fett und die Knochen), während die Kultgemeinde gleichnishaft mit dem Gott gemeinsam das gekochte und gebratene Fleisch verzehrte. Das Letztere erlangte oft seine besondere Bedeutung dadurch, daß das Opfertier dem Gott besonders nahe verwandt war, wodurch die Festgemeinde symbolisch seiner Kraft, Macht und seines Schutzes teilhaftig wurde. Nichts von alledem wird in unserem Text angedeutet, wir sind lediglich mit der unverständlichen Ablehnung Jahwes konfrontiert.

Wir können versuchen, einer Erklärung dadurch näher zu kommen, daß wir nach der Bedeutung des Namens der beiden Brüder fragen. Nach v. Rad (S. 84) bedeutet Kain die Lanze. Für Abel (hebräisch *habal*) gib es keine direkte Deutung. Aber v. Rad weist darauf hin, daß das gleiche hebräische Wort mit ‚Hauch' oder ‚Nichtigkeit' zu umschreiben ist, was auf den getöteten, ausgelöschten Abel hinweisen könnte. Man kann auch vermuten, daß es etwa mit seiner Wesensart, oder mit dem Modus seines Opfers (Rauch des Brandopfers) zu tun haben könnte.

Zunächst ist es erstaunlich, daß Kain, der Ackerbauer, mit einer Lanze in Verbindung gebracht wird, denn die eigentlichen Lanzenträger waren die Jäger und die Krieger. Soll das im Zusammenhang mit der Bebauung des Feldes heißen, daß es Ackerbauern gab, die mit Hilfe ihrer Lanzen den Boden „pflügten", - oder mußten sie mit Lanzen ihr Eigentum verteidigen, welches ursprünglich nie einem Einzelnen, sondern stets einer Gemeinschaft gehörte? In dem Kommentar von Rads findet sich nun (S. 88) ein Hinweis, der vielleicht weiterhelfen kann: Er erwähnt den Stamm der Kenniter, ein Volk, welches „ein unheimlich ruheloses Leben am Rand des Kulturvolkes führte". Diese Menschen lebten als Nomaden neben den seßhaften Ackerbauern. Die Herden der Kenniter mögen oft genug Nahrung suchend in die Felder der Bauern eingedrungen sein, wogegen sich die Eigentümer des Landes mit Waffengewalt zur Wehr setzen mußten. Die Kenniter hatten aber schon vor den einwandernden Israeliten ein besonders nahes Verhältnis zu Jahwe, dem Einen Gott. Spiegelt sich in dem Zwist zwischen den Brüdern Kain und Abel vielleicht etwas von der Einwanderungs-Geschichte des Volkes Israel? Die Israeliten kamen ja auf ihrer langen Wanderschaft aus Sumer und aus Ägypten, sie kamen durch die Wüste als Nomaden in das Kulturland. – Aber es gibt noch eine zweite Linie, denn in dem Alttestamentlichen Text wird sofort im Anschluß an das Opfer der Brüder und an Kains Verbannung vom Acker die Geschichte von dem Stammbaum der Kainiten erzählt (1 Mos. 17 – 26). Kain war ja durch Jahwe nicht geächtet, sondern aus dem Wohlstand eines Kulturlandes in das unstete Leben in der Wüste verwiesen worden. Kain hatte eine zahlreiche Nachkommenschaft, die zum Volk der Kainiter wurde, welches aber mit den Kenniten identisch zu sein scheint (v. Rad, S. 87).

Man kann im Blick auf die beiden verschiedenen Brüder auch etwas vom Wesen des Menschen und von den „feindlichen Geschwistern“ in der Brust jeden Individuums sehen. Aber wir wollen noch einmal einen Blick auf die Kulturgeschichte der menschlichen Frühzeit werfen: Die blutigen Tieropfer der Jäger sind wahrscheinlich älter als der Ackerbau; die Agri-Kultur mit ihrer Pflege der Felder setzt ein zumindest zeitweilig seßhaftes Leben voraus. Zur Pflege des Ackers gehörte, noch vor einer systematischen Düngung und einem sinnvollen Wechselbau, die Tränkung der Erde mit Blut, damit sie lebendig blieb und immer neues Wachstum hervorbringen konnte. Und wenn die Erde die Tränkung mit Blut forderte, so war dies der Ausdruck einer magischen Geisteshaltung der Menschen, wie es der Hainuwele-Mythos oder Jensens Erzählung von den Nachkommen der Peru-Indianer schildert. Unser Text von der Erzählung über Kain und Abel gibt den Hinweis auf einen Zusammenhang mit dem erwähnten urmenschlichen Brauchtum, indem Jahwe zu Kain spricht: „Horch, das Blut deines Bruders schreit von der Ackererde zu mir empor ... Verflucht seist du von der Ackererde hinweg, die ihren Mund aufgetan hat, aus deiner Hand das Blut deines Bruders zu empfangen". Das war die Acker-Erde, die ein magisches Opfer forderte.

Die Hebräer kamen mit Abraham aus dem Land der Aramäer im oberen Mesopotamien als Nomaden nach Palästina (1 Mos. 11 – 14). Diese Einwanderung kann etwa in das 14. Jahrhundert v. Chr. datiert werden.[11] Als Fremdlinge erhielten sie in Palästina keinen festen Wohnsitz. Einige blieben in diesem Land, andere wanderten nach Ägypten aus, um später zurück zu kehren. Ihr Schicksal war „unstet" und flüchtig". Palästina, das „gelobte Land", war fruchtbar, und „der Kult ... der ganz Israel umgebenden Welt ... diente der Erhaltung und Bewahrung der Fruchtbarkeit ... Israel hat, soweit wir wissen, trotz der Übernahme mehrerer Kanaäischer Ackerfeste die vom zyklischen Fruchtbarkeitskult bestimmte Grundstruktur abgewiesen." Dies beschreibt Claus Westermann.[2]

Diese Hinweise aus der Urgeschichte vermitteln uns einen Kern der Kain/Abel-Erzählung, nämlich den alten Konflikt zwischen sesshaften Ackerbauern und nomadischen Hirtenvölkern. Zu den Ersteren gehörte Kain, der „ältere" Sohn der Ureltern im Lande. Bei diesen Ackerbauern waren die Kulte um die Fruchtbarkeit der mütterlichen Erde üblich, die „ihren Mund auftat", um Blut zur Belebung ihrer weiblichen Fruchtbarkeit zu empfangen. Es wird nicht berichtet, daß Kain solche Opfer in der Vergangenheit dargebracht hat. Aber als er sieht, daß der neue Gott Jahwe das Opfer des „jüngeren" Sohnes und Hirten (Abel) bevorzugt, erwachen in ihm Neid und Groll. Und nun folgt das eigentlich entscheidende Ereignis der Geschichte: Kain vollzieht nachträglich das im Lande übliche Fruchtbarkeitsopfer, aber er erlebt seine Tat nicht mehr als „Opfer", sondern als einen Mord. Jahwe, der neue männliche Gott der Israeliten , will mit den Blutopfern an die weibliche Erde nichts mehr zu tun haben. Aber er zwingt den Menschen seiner „neuen Schöpfung" zu einer neuen Erkenntnis. Und Jahwe versucht, Kain auf einen neuen Weg zu helfen. Er sagt ihm nach der furchtbaren Bluttat etwa dieses: Der alte Brauch zur Belebung der Erde ist gegenstandslos geworden, auf diese Weise kann die Scholle dir keinen Segen mehr bringen. Es ist besser, darob nicht zu grollen, sondern zu verstehen, was jetzt „richtig" ist. Auf diese Weise kannst und sollst du über deinen Groll und deinen Neid Herr werden. Und nun schickt Jahwe Kain zu den Nomaden am Rande der Wüste, und in deren täglichen Kampf ums Überleben. Die Not im Leben der „Unruhe" macht den Menschen erfinderisch. Kain und seine Nachkommen werden auf andere Weise zu Kulturschöpfern, wie die Ackerbauern. Sie erfinden die Musik (z. B. das Flötenspiel) und viele technische Hilfen im täglichen Leben. Und gleichzeitig finden sie neue religiöse Formen. Sie leben in ständiger Ungewißheit des Irrens zwischen Gut und Böse, zwischen Richtig und Verderblich, sie entdecken das „Machbare" mit all seinen Tücken wie auch wir Menschen des 20. Jahrhunderts.

So erscheint es sinnvoll, daß Kain in das Land „Nod" gezogen ist. Dieses Land ist geographisch unbekannt, aber nach v. Rad (S. 87) deutet der Name auf Hebräisch *nad,* was „flüchtig" bedeutet. So muß der Kain des Alten Testaments, und vielleicht auch der „Kain-Mensch" unserer Zeit in einer Art Niemandsland ganz neu beginnen, den Sinn seines Lebens zu finden, und er weiß oft nicht, wohin sein neuer Weg ihn führen wird. Kains eigentliches, nun erforderliches Opfer muß ein Verwandlungs-Opfer sein: Er muß alles bisher Wichtige hinter sich lassen, muß seine anders denkenden „Brüder" achten, von ihnen lernen, sich aber dennoch auf seinem eigenen Weg abgrenzen. Er muß neu darüber nachdenken, worauf nach dem Verzicht auf das blutige Menschen-Opfer (z. B. auch in unseren Kriegen!) die Fruchtbarkeit der Erde sich gründen läßt, auf die wir angewiesen bleiben. Die Erde fordert von uns eine pflegliche Behandlung und die Zufuhr von Nährstoffen, ohne daß wir in sinnloser Gewinnsucht Massenerträge von ihr fordern. Bei alledem könnte es einem Menschen der Ertragswirtschaft dämmern, daß er sich, wie die frühen Jäger und Bauern, von der Natur nicht mehr rauben darf, als er für sich und seine Mitmenschen wirklich benötigt – und daß er sich dabei glücklicher in einem sinnvollen Leben zu fühlen vermag.

Ein zweiter Kern der Kain-Abel-Erzählung kann aber auch darin gesehen werden, daß der als Vater-Gott erlebte Jahwe den jüngeren, wehrlosen Sohn (Abel) in Schutz nimmt, während er den „Erstgeborenen" auf die Probe stellt: Wie wird er reagieren, wenn sein bisher angestammtes Vorzugs-Recht zugunsten des jüngeren Bruders in Frage gestellt wird? Wird er seinen Zorn bezähmen können? Und als Kain unter dieser Anforderung zunächst erliegt, werden wir Zeugen einer neuen Tat des Vater-Gottes: Er verdammt diesen „in die Sünde gefallenen" Sohn nicht, sondern er stellt ihn nach seiner Vertreibung vom Acker unter seinen besonderen Schutz. Und er gibt ihm und seinem Stamm (den Kainiten) die Möglichkeit, seinen Zorn über „die Anderen", in neue Formen des Gottesdienstes zu wandeln (1. Mos. 4, 26).

Das Opfer Abrahams[4]

(Vom realen Blut-Opfer zum innerseelisch-symbolischen Opfer)

Es wird berichtet, daß der hundertjährige Abraham nach langem Warten mit der neunzigjährigen Sara den verheißenen und ersehnten Sohn Isaak zeugte. Als der Knabe heranwuchs, geschah etwas Unbegreifliches: Der Gott Jahwe, der den Sohn verheißen und endlich geschenkt hatte, führte Abraham in eine ausweglose Situation. Er forderte von dem Vater den einzigen Sohn zurück, und er stellte damit sein eigenes Versprechen in Frage. Und so

> „geschah es, daß Gott den Abraham versuchte und zu ihm sprach: Abraham! – Der antwortete: Hier bin ich! – Er aber

sprach: Nimm deinen Sohn, deinen einzigen, den du lieb hast, den Isaak, und begib dich in das Land Moira, und bring ihn dort auf dem Berge, den ich dir ansagen werde, als Brandopfer dar. – Da machte sich Abraham am anderen Morgen frühe auf, er sattelte seinen Esel, nahm seine beiden Burschen mit sich und seinen Sohn Isaak. Er spaltete Holz zum Brandopfer und machte sich auf und ging an den Ort, den ihm Gott angesagt hatte. – Als Abraham am dritten Tage seine Augen aufhob, da sah er den Ort von ferne. Da sprach Abraham zu seinen Burschen: Bleibt hier bei dem Esel. Ich aber und der Knabe, wir wollen dorthin gehen, um anzubeten und dann wieder zu euch zurück zu kommen. Dann nahm Abraham die Holzscheite für das Brandopfer und lud sie seinem Sohn Isaak auf. Er aber nahm das Feuer in seine Hand und das Messer. So gingen die beiden miteinander. Da sprach Isaak zu seinem Vater Abraham: Mein Vater! Der antwortete: Hier bin ich, mein Sohn. Und er sprach: Hier ist Feuer und Holz, aber wo ist das Schaf zum Brandopfer? Abraham antwortete: Gott wird sich ein Schaf zum Brandopfer ersehen, mein Sohn. - So gingen die beiden miteinander. Als sie an dem Ort angekommen waren, den Gott ihnen angesagt hatte, da baute Abraham daselbst den Altar, er schichtete die Holzscheite zurecht, er band seinen Sohn Isaak und legte ihn oben auf die Holzscheite. Dann streckte Abraham seine Hand aus und nahm das Messer, um seinen Sohn zu schlachten. – Da rief ihn der Engel Jahwes vom Himmel herab an und sprach: Abraham! Abraham! Der antwortete: Hier bin ich. Und er sprach: Strecke deine Hand nicht aus nach dem Knaben und tu ihm nichts an, denn jetzt weiß ich, daß du gottesfürchtig bist, da du deinen Sohn, deinen einzigen, mir nicht vorenthalten hast. – Als Abraham seine Augen aufhob, siehe, da hatte sich ein Widder mit seinen Hörnern im Gestrüpp verfangen. Da ging Abraham hin, holte den Widder und brachte ihn anstelle seines Sohnes als Brandopfer dar."

Es folgt nun ein zweiter Anruf des Engels, der Abrahams Bereitschaft preist, und der jetzt die Verheißung Jahwe's bestätigt, daß Isaak zum Stammvater eines großen, gesegneten Volkes werden soll. Danach gehen alle ohne viel Aufhebens wieder nach Hause.

Wir entnehmen dem Kommentar G. v. Rads, daß der Text dieser Erzählung um 900 v. Chr. entstanden ist (S. 15). Das Land, oder der Ort, wohin sich Abraham begeben soll, „Moira", ist unbekannt. Man kann darunter höchstens den Berg vermuten, auf dem später Jahwe dem David erschien, und auf dem der Tempel von Jerusalem erbaut wurde. Dies ist aber eine Annahme „priesterlicher Kreise aus viel späterer Zeit" (S. 16). – Wenn unsere Erzählung um 900 v. Chr. aufgeschrieben wurde, dann kann die reale Lebenszeit Abrahams in den Anfang des ersten vorchristlichen Jahrtausends, oder noch früher fallen. So ist die Annahme von Rads sicher zutreffend, daß „diese Erzähler überhaupt nicht am historisch Authentischen interessiert waren." (S. 17). Es ging offenbar um etwas ganz Anderes, grundlegend Menschliches, was der Theologe den „Einbruch Gottes in das Leben Abrahams" nennt (S. 17).

Im historischen Umkreis Israels waren Kinderopfer noch üblich. Aber jedem modernen Leser fällt beim Anhören der Geschichte von Abraham und Isaak sogleich das glückliche Ende mit dem Widder ein, dessen Darbringung die Menschenopfer früherer Zeiten ablöste (S. 26). Mit dieser Feststellung wären wir dem eigentlichen Problem entkommen! Und rational gesehen ist diese Erkenntnis richtig. Aber es geht um mehr, nämlich um die Begegnung des Menschen mit dem „Dunklen Gott", und v. Rad hebt hervor: „Abraham hat also den Selbstwiderspruch Gottes ausgehalten" (S. 31) und :"Der Ort, an den Gott ihn hinausgeführt hatte, war der einer Gottverlassenheit." Vor Abraham „tat sich eine Gottesfinsternis auf, der die Situation auf Golgatha im Neuen Testament entsprach (S. 32). Der von Abraham dargebrachte Gehorsam war das eigentliche Opfer" (s. 37) – oder „das selbstgezimmerte Gottesbild des Menschen, welches er sich preiszugeben entschließt" (S. 40).

Nichtsdestoweniger steht ein heutiger Leser der Geschichte von Isaaks Opferung und der Forderung Jahwes genauso ratlos gegenüber, wie der Schilderung von Kain und Abel. Jeder heutige Realist stellt die berechtigte Frage: „Was soll das für ein Gott sein, der einen Menschen in die Versuchung führt, seinen eigenen Sohn abzuschlachten? Was soll das mit der gängigen Vorstellung von einem gütigen Gott zu tun haben? Wenn wir den wörtlich aufgeschriebenen Text betrachten, dann kann uns wirklich ein Schrecken über diese „nüchterne" Beschreibung überfallen, in der der innere Kampf des Vaters gegenüber jener unerhörten Forderung Jahwes nicht erwähnt wird. Es wird auch nicht der naheliegende Wunsch eines uralten Vaters erwogen: Nimm du, Gott, mich selber statt des Kindes an – ich habe mein Leben gelebt und zuletzt noch die Erfüllung meines sehnlichsten Wunsches erfahren, einen Nachkommen zu erhalten. Laß doch den Träger all meiner Hoffnungen am Leben! – Aber der Hundertjährige begibt sich ohne Zögern auf den Weg ins Land „Moira", ins „Irgendwo", ins Unbekannte, wo nur eine unmenschliche Forderung auf ihn wartet. Was ist nur damit gemeint? – Und als er nach drei Tagen eines mühsamen Weges in die Einsamkeit den „Ort von ferne sah", da beginnt dieses Unvorstellbare Konturen anzunehmen. Da läßt Abraham seine Diener, alle seine menschlichen Helfer zurück. Er verteilt die ungeheure Last auf sich und seinen geliebten Sohn: Isaak muß physisch die schwerere Last tragen, der Vater aber das entsetzliche Messer und das Becken mit dem Feuer: „So gingen die beiden miteinander". Dem Sohn fällt auf: Wir gehen, um ein Opfer darzubringen, aber wo ist das Opfertier, was soll denn da geopfert werden? Offenbar ist es nichts, was sich mit nüchtern rationalen Worten aussprechen läßt. Dem Vater mag es die Kehle zugeschnürt haben, es fällt ihm keine verständliche Antwort ein. – Weicht er mit seiner Antwort aus, oder sagt er in einer Umschreibung doch das, was eigentlich gemeint ist? – Von der furchtbaren „Versuchung", die der Text nennt, weiß Abraham nichts, er geht zunächst nur auf ein real ungeheuerliches Ereignis zu. –

Und so gingen die beiden – schweigend – miteinander ihren Schicksalsweg.

Dann wird es zur Gewißheit: Hier und jetzt! Es gibt kein Ausweichen mehr!

Wiederum sprachlos nimmt der Vater dem Sohn das Bündel Brennholz von den Schultern und schichtet es auf den Altarsteinen zurecht. Schweigend fesselt er den Knaben, der nicht weiß, wie ihm geschieht, und legt ihn zuoberst auf den Holzstoß. Dann erhebt er, ohne seine Gefühle zu zeigen, das Messer, um seinen Sohn abzuschlachten und danach zu verbrennen. Einen heutigen Realisten schüttelt die Vorstellung, daß dieser Abraham real seinen Sohn wie ein Tier abschlachten wird, und er fragt sich, zu Ehren welches unvorstellbar grausamen Götzen dieses „Opfer" dargebracht werden soll? Er, dem noch die Schrecken der Folgen eines tyrannischen „Führers" in den Gliedern stecken, fragt sich, ob diesem Abraham noch zu helfen sei, der seinem bedingungslosen Gehorsam gegen eine äußerlich gedachte Machtinstanz nichts entgegenzusetzen vermag?! Da ertönt die Stimme eines Boten, den wir Engel nennen, und der uns ein Dolmetscher für das sein kann, was Gott uns in diesem Augenblick sagen will. Dieser „Engel" gebietet Einhalt. Abraham mag ihn „gesehen" oder „gehört" haben, wie einen Boten von außen, oder wie eine Stimme aus seinem eigenen Inneren. Diese Stimme sagt ihm: Nein! So nicht!

Was ist aber dann gemeint?

Diese Frage kann uns das Bild des Widders beantworten, der sich mit seinen Hörnern im Gestrüpp verfangen hat. Er vermag nicht mehr zu flüchten, er kann sich weder vorwärts noch rückwärts bewegen! Und er ist das Bild einer männlichen Lebenskraft. Diesen „Widder", dieses Symbol kann Abraham ergreifen (begreifen), und ihn opfert er zu Recht. Denn die vitale Lebenskraft kann nicht mehr der einzige Sinn des Lebens, des Lebenswertes eines uralten Menschen sein.

Dies ist ein möglicher Aspekt des Widderopfers. Aber es geht bei dem Abrahamopfer noch um mehr. Denn in dieser

Geschichte wird uns etwas erzählt, was uns noch heute sehr nahe angeht. Vielleicht ist es die Forderung: Gib her, was dir bisher das Wichtigste in deinem Leben zu sein schien, dein Allerliebstes? Dann heißt der Ruf von innen etwa: Gib die Menschen frei, an die du dich und deinen Lebensweg vielleicht allzu ausschließlich gekettet hattest. So sind dir deine realen Kinder nicht anvertraut, damit sie deine Wünsche verwirklichen, sondern es ist dein Auftrag, zu erkennen, was in ihnen veranlagt ist. Wie oft werden gerade die Erstgeborenen zu Opfern der verfehlten Wünsche ihrer Eltern – und wie notwendig ist dann das wirkliche Opfer der Eltern, eben nicht diese realen Kinder „umzubringen", sondern diese unter oft großen Schmerzen ihren eigenen Weg gehen zu lassen. Damit bricht für manche Eltern eine Welt zusammen, weil der Weg der Jungen so anders ist, als die Wünsche der Erwachsenen: „So hatten wir uns das nicht vorgestellt", lautet eine häufige Klage.

Es ist schon merkwürdig und menschlich, was wir alles zu unserem „Heil" zu benötigen glauben, obwohl es uns eher zum Verderben gereicht. Und wie schwer kann es sein, die nötigen Verzichte zu leisten! „Warum soll ich denn alles opfern, was mir lieb und wert ist, und was hat das für einen Sinn?", so fragt Mancher. Allenfalls ist man bereit, etwas „herzugeben", wenn man weiß, was man „Besseres" dafür bekommen kann. Aber eben dieses ist nicht der Sinn eines Opfers, zu dem wir vielleicht durch widrige äußere Umstände gezwungen werden, und das nur selten aus innerer Freiheit dargebracht wird. Oft genug wird uns der Sinn erst viele Jahre später offenbar.

Wie aber mag es im Beispiel der Geschichte von Abrahams Opfer zugegangen sein? Er wußte ja nichts von dem „Zweck" des Auftrages, den ihm eine göttliche Stimme erteilt hatte.

Wir können annehmen, daß Abraham einen „Großen Traum" hatte, wie das auch heutigen Menschen noch in kritischen Situationen ihres Lebens begegnen kann. In solchen Träumen kann uns ohne jede rationale Begründung klar werden: Mein Weg geht von nun an in eine andere Richtung.

Darüber gibt es kein Wenn und Aber. Es ist von innen her evident, daß ein mühsamer, „steiniger" Weg „richtig" ist, der einem selber bisher als unsinnig erschien.

Vielleicht stellt man sich nun fraglos in den Dienst eines Menschen oder einer Gemeinschaft, die unserer Hilfe bedürfen. Oder man spürt die Verantwortung für die Zukunft unserer Erde und der folgenden Generationen, ohne zu rechnen, welchen Verdienst man damit erwirbt; oder ob es überhaupt möglich ist, als kleines Individuum etwas „gegen den Strom" des „Üblichen" ausrichten zu wollen. Vielmehr tut man ganz nüchtern das in diesem Augenblick Mögliche, und unter Aufopferung aller uns so wichtig erscheinenden Bedürfnisse, die meistens nur eiskalte Egoismen sind. Wenn dann endlich das erlösende Wort des Engels vernehmbar wird: Nicht der Erfolg, sondern allein der Einsatz zählt, dann wird Abraham nicht einmal ein Fest der Erleichterung mit den Seinen feiern. Er geht einfach zur Tagesordnung über, weil er spürt: So ist es in Ordnung, so ist mein Leben sinnvoll. Der Abraham der biblischen Geschichte ging mit seinem Sohn wieder nach Hause. Isaak war nun nicht mehr sein „Eigentum" (etwa durch zahlreiche Nachkommen zum Ruhm des Stammvaters), sondern er war ein dem Vater anvertrauter junger Mensch, aus dem das werden sollte, was Gott in ihn hineingelegt hatte. Abraham soll seinen realen Sohn nicht abschlachten; aber das, was er zur Erhöhung seines Selbstwertgefühles von diesem Kind erwartet hatte, muß er zum „Brandopfer" bringen, also in dem Bild des aufsteigenden Rauches geistig an Gott zurückgeben. – Abraham opfert nun symbolisch ein Tier, welches der Vertreter der animalischen Männlichkeit ist. Vielleicht hat Abraham bei diesem Opfer erfahren, daß er als „Erzeuger" seines Sohnes zwar im Dienst seines Gottes Jahwe stand, daß er aber nicht der „Schöpfer" seines Sohnes war, den er an den Schöpfergott zurück erstatten mußte.

Formal gilt zwar die Feststellung, daß in der Geschichte von Abrahams Opfer der wichtige Schritt vom Menschenopfer zum Tier-Opfer geschildert wird. – Eine tiefere Schicht

Rembrandt: Abrahams Opfer

des Verständnisses aber zeigt uns, was der Theologe v. Rad „den von Abraham dargebrachten Gehorsam" als das eigentliche Opfer benennt.

In der Sprache der Tiefenpsychologie ist es ein innerseelisches Opfer: Abraham ringt sich zu dem durch, was ihm unter großen Schmerzen als das Richtige offenbar wird. Er spürt, daß er seinen heranwachsenden Sohn loslassen muß, weiß aber noch nicht, wie. Das Opfer des Widders ist also ein Übergangsglied. Die „Gottesfinsternis“ muß bestanden werden. Das ist das eigentliche Opfer.

Was der in seinem Schweigen beredte Text des Alten Testaments über das zum Ausdruck bringt, was in Abraham wortlos vor sich ging, mag uns zum Abschluß eine Radierung von Rembrandt zeigen, die dieses Opfer darstellt, aus welchem Abraham sicher als ein von Grund aus Verwandelter hervorging.

Anmerkungen

1 Ich folge der Übersetzung durch Gerhard v. Rad: Das Alte Testament Deutsch, 6. Auflage 1961, S. 83 – 89. Vandenhoeck u. Rupprecht, Göttingen

2 Anton Jirku, „Die Welt der Bibel“, Cotta, Stuttgart 1957, S. 62 ff.

3 Claus Westermann, „Forschung am Alten Testament“, S. 212/213, Verlag Kaiser, München 1964

4 Als Text-Vorlage diente mir „Die Opferung Isaaks“ von Gerhard v. Rad, 1. Mos. 22, 1 – 19, Kaiser-Verlag München, 1976

4 GRIECHISCHE OPFERRITEN

Mit Griechenland und seiner Kultur betreten wir einen Boden, der zwar weitgehend auf den alten Jäger- und Agrarkulturen basiert, aber seine ganz spezifischen Varianten entwickelt hat, die zum einen Teil aus den kleinasiatischen Kulten um die „Große Göttin" (um 3000 – 2000 v. Chr.), zum anderen Teil aus dem Erbe gewachsen sind, welches die Dorischen Einwanderer um 1200 v. Chr. mit ins Land brachten. In das östliche Erbe flossen außerdem Elemente aus dem Zweistromland, aus Ägypten, und aus Kreta ein. Entsprechend vielschichtig ist das Brauchtum, dem wir begegnen, und damit verbunden die religiöse Färbung der griechischen Kultur. Die Götterwelt der klassisch-olympischen Zeit trägt zuletzt fast ausschließlich die Züge menschlicher Projektionen. Sowohl in der archaischen Epoche, wie auch in den in späterer Zeit blühenden Mysterienkulten kann viel eher von wirklichen Religionen gesprochen werden als in der klassischen Zeit.

Etwas Typisches, welches nicht nur Walter Burkert, sondern vor allem auch Karl Kerényi in seinem Gesamtwerk über die griechischen Mythen immer wieder hervorhebt, ist die Verschmelzung des dargebrachten Opfers mit dem Gott (z. B. des Stieres mit Zeus, des Stier-Kalbes und des Ziegenbockes mit Dionysos), aber auch mit der Festgemeinde. Sie kommt im kultischen Mahl dem Gott nahe, indem sie sein Fleisch und Blut verinnerlicht. Das ist uns bereits von den Kulten der steinzeitlichen Jäger bekannt. Es ist also bei den Griechen nichts grundsätzlich Neues, aber es tritt bei ihnen deutlicher ins Bewußtsein, und insofern wird das Opfer bei ihnen zu einer symbolischen Handlung. Was aber im Bewußtsein fixiert wird, neigt mit der Zeit dazu, seines eigentlichen Gehaltes entblößt und damit pervertiert zu werden. Das führt dann wiederum zum Tod des Symboles. So ahnt bereits Odysseus (Odyssee III, 143 – 146 und 152),[1] daß die Hekatomben abgeschlachteten Opferviehs ein Unrecht nicht sühnen können, welches an seiner Schutzgöttin Athena begangen wurde.

Es gab in Griechenland auch Menschenopfer, sei es für Zeus-Lykaios in Arkadien, oder für Artemis im Lande der Taurer. Ein solches Opfer erzählt die Geschichte von Iphigenie auf Tauris, die auch durch Goethes Dichtung bekannt wurde.

Die Opferung der Iphigenie und ihre Entrückung in das Heiligtum der Artemis ereignete sich unmittelbar vor der Abfahrt des achaischen Heeres nach Troja: Agamemnon, so wird erzählt, erlegte in dem heiligen Hain der Artemis eine dieser Göttin geweihte Hirschkuh, worauf Artemis eine Windstille verhängte, welche die Abfahrt der griechischen Flotte von Aulis unmöglich machte. Kalchas, der Seher, verkündete, daß dieses Übel nur dadurch behoben werden könne, daß Agamemnon seine liebste und schönste Tochter der Artemis zum Opfer bringe. Unter schweren inneren Kämpfen ringt sich der „Völkerfürst" zu dem Opfer durch. Der Opferer erhebt schon das Schwert und läßt es niedersausen – aber da zeigt es sich, daß unter dem Schwerthieb nicht Iphigenie, sondern eine Hirschkuh starb. Die Tochter des Königs aber hatte Artemis in ihr Heiligtum entrückt, damit sie ihr dort als Priesterin dienen könne.[2]

Diese Erzählung berichtet ebenso von der Ablösung des Menschenopfers durch das Tieropfer, wie die biblische Schilderung des Abrahamopfers. Aber in der Dichtung des Euripides ist von einer Versuchung des Menschen durch den Gott keine Rede. Das Opfer wird, rational begründet, als Sühne für ein Vergehen gegen die Gottheit notwendig. Zu diesem Zweck soll das Mädchen zunächst durch eine List herbeigelockt werden. Aber Iphigenie erklärt sich freiwillig bereit, für die gemein-griechische Sache und damit für ihren Vater zu sterben. Die Königstochter übernimmt die Entscheidung selber, und damit erweist sie sich als die Stärkere.

In den bisher genannten Beispielen klingen noch reale

Riten an, die wir z. B. durch Texte aus der Ilias des Homer (XXII/XXIII, 175 – 181) bestätigt bekommen: Achilleus, der „edelste" der Helden vor Troja, schlachtete zwölf trojanische Jünglinge ab, um sie zu Ehren seines gefallenen Freundes Patroklos auf dessen Scheiterhaufen mit zu verbrennen. Bei diesem Brauch mögen uralte Vorstellungen von der Totenfolge eines Fürsten aus vorgeschichtlicher Zeit mitspielen, die uns von archäologischen Funden aus Sumer oder aus keltischen Fürstengräbern bekannt sind. Dort fand man Überreste von Menschen und Tieren, deren Anordnung darauf schließen läßt, daß sie noch lebend dem Herrscher ins Jenseits folgten.

Das Opfer des Odysseus im Hades[3]

Das Opfer des Odysseus, der auf der siebenten Station seiner Reise die Grenze zur Unterwelt erreichte, schildert eine andere Dimension, als die bisher genannten Beispiele. Odysseus muß „einen Bock und ein Schaf von ungezeichneter Schwärze", und zwar mit „abgewandtem Blick" darbringen, damit ihn die Schwärze des Todes nicht direkt in ihren Bann ziehen kann. Das Blut der Opfertiere vermag den Seelen der Toten für Augenblicke die menschliche Sprache zu verleihen, so daß Odysseus verstehen kann, was Teiresias, der Seher aus Theben, welcher als Erster von dem Blut trinkt, ihm zu sagen hat: Er gibt ihm Weisungen für sein weiteres Leben, welches er nach dem Verlust aller seiner „Gefährten" allein zu bestehen hat. Odysseus kehrt nach seinem Opfer am Rande des Todes als ein durchaus Verwandelter in sein Leben zurück.

Der schwarze Bock und das schwarze Schaf – sie dürfen keinerlei Zeichnungen aufweisen! – mögen für eine indifferente animalische Triebhaftigkeit männlicher und weiblicher Prägung stehen, deren warmes Blut die Jenseitigen für Augenblicke belebt, aber ohne daß der Opferer selber der Blutwärme teilhaftig wird, denn er erfährt, daß im Jenseits alles anders ist, daß er z. B. seine Mutter nicht umarmen kann, wie er es sich wünschte, denn dann zerrinnt die Gestalt zu nichts. Odysseus opfert mit diesen schwarzen, also eigentlich farblosen Tieren etwas von seiner eigenen Triebwärme, die er ausschalten muß, um die Stimme der Toten wahrnehmen zu können. Und gleichzeitig erfährt er von dem weisen Seher, daß er in seinem ferneren Leben alle ungebärdigen Eigenschaften seiner unbeherrschten „Gefährten" opfern muß. Erst nach dieser Erfahrung vermag Odysseus ans Ziel seines Lebens, „nach Hause" zu kommen.

Die Perversion des Opfers

Im griechischen Brauchtum ist aber auch eine Perversion des Opfers bemerkbar. Diese Verkehrung des Sinnes des Opfers wird z. B. in einem Ritus aus Arkadien deutlich, der der Initiation der jungen Epheben in den Stand der erwachsenen Krieger diente (so berichtete es Pausanias, 4, 11,3). In einem großen Kessel wurde bei Nacht das Fleisch von Tieren und – so wurden die Jünglinge belehrt – eines geopferten Knaben gekocht. Jeder Teilnehmer mußte mit einer großen dreizinkigen Gabel blindlings ein Fleischstück aufspießen und sofort essen. Wer das ohne Zögern fertigbrachte, gehörte von da an zu den „Bärenstarken"; wer die Probe nicht bestand, wurde als „Wolf" für Jahre aus der menschlichen Gemeinschaft ausgeschlossen und mußte in der Wildnis umherirren. Wenn danach der „schwache Knabe" gestorben war, hatte er Aussicht unter die „Starken" eingereiht zu werden. „Gelobt sei, was hart macht!"Die Erinnerung an diesen Spruch löst in den Älteren von uns heute noch Schrecken aus!

Noch unübersehbarer aber begegnet uns die Perversion des Opfers in der Schilderung des „Opfermahles", welches Tantalos den Göttern darbrachte, um deren Allwissenheit auf die Probe zu stellen. Er setzte den Olympiern das Fleisch seines Sohnes Pelops vor, um festzustellen, ob die Götter diese „Versuchung" bestanden. Die Verkehrung des Sinnes eines Opfers in sein Gegenteil kann, wenn wir das Abrahamopfer zum Vergleich nehmen, nicht krasser dargestellt werden.

Auch die bei den griechischen Festen üblichen Massenschlachtungen, die „Hekatomben-Opfer" lassen auf den ersten Blick keinen anderen Sinn erkennen, als den eines Festessens für das Volk. Nur wie in Nebensätzen fällt z. B. bei W. Burkerts Schilderung der Pan-Athenäen (Burkert, S. 174, 175) der Satz, daß zwar die Kühe der Herde massenhaft auf die Akropolis getrieben wurden, um dort geschlachtet zu werden, daß aber der „Stier der Herde" vorher in einem „unsagbaren Opfer" getötet wurde. Dieses eigentliche, unsagbare Opfer wurde insgeheim an dem Anführer der Herde vollzogen, der vielleicht die Stelle eines alten Jahres-Königs vertrat, der nun durch einen jungen Nachfolger ersetzt wurde.

Bei dem Stier kann an den Obersten der olympischen Götter, an Zeus gedacht werden, oder an dessen Ahnen, den Himmelsgott Uranos. Uranos war ein Himmelsgott, und „in den indomediterranen Religionen sind die Himmelsgötter in der einen oder anderen Weise mit dem Stier identifiziert ... Die Verstümmelung des Uranos beendet seine ... nutzlose Fruchtbarkeit und bringt ... Ordnung in die Welt, so daß willkürliche und verderbliche Zeugung unmöglich wird".[4]

Als Himmelsgott ist Uranos kein Schöpfer-Gott, aber er steht den „dynamisch-starken" Sturmgöttern nahe (Eliade, S. 144), er ist als solcher ein gewaltiger „Stier und Befruchter", ein orgiastischer Sturm- und Geschlechtsgott", der als Erzeuger aller Monstren der vorgriechischen Welt gilt. Zum Beispiel sind die „hundertarmigen" Riesen, die Kyklopen und die Skylla seine Geschöpfe. Wenn man an diese Identität des Opfer-Stieres denkt, so kann man das „unsagbare Stieropfer" als das Ende einer ungeordneten Vitalität und den Beginn einer die menschliche Ordnung schaffenden geistigen Zeugungskraft verstehen.

In diesem Sinn ist auch eines der kretischen Stieropfer zu sehen, welches vor allem auf einem Bild in Knossos dargestellt ist. Es zeigt einen Initiationsritus der Jugendlichen, die den

Stier bei den Hörnern packten und diesen Vertreter einer ungezügelten männlichen Stärke übersprangen. Damit verwandelten sie die Stierkraft in gebundene menschliche Kraft. Die nur animalische Wildheit des „Stieres" war damit geopfert.

Noch einen Schritt näher an den Sinn der griechischen Opfer führen uns die Berichte über Dionysos, den Spender des Weines. Der Wein vermittelt die Möglichkeit, Grenzen zu überschreiten, und zwar im doppelten Sinn. Einerseits entgrenzt der Rausch die Liebe ins Orgiastische, und andererseits hilft er im Tod über die Grenzen zur Anderswelt hinüber.

Aber im Wein war gleichzeitig Dionysos selber gegenwärtig. Dionysos wurde mehrfach getötet und zerstückelt. Sein Fleisch wurde roh verschlungen, sein Blut wurde im roten Wein getrunken. (Burkert, S. 246). In der späten orphischen Tradition wird von einem „unsagbaren Geschehen" berichtet. Denn Dionysos lebte in seinen Opfertieren, dem Stier und dem Ziegenbock, und nach seinem Opfertod kehrte er in vielfältigen Gestalten ins Leben zurück.

Dionysos, der geopferte und wieder erweckte Gott[5]

Die Mythen von dem geopferten, zerrissenen, entschwundenen und doch immer wieder neu erscheinenden Dionysos sollen nun in ihren wesentlichen Zügen dargestellt werden.

Dionysos schillert in vielen Farben. Über seine Herkunft, seine mehrfachen Geburten und Tode gibt es eine fast unübersehbare Fülle der Berichte. Diese Erzählungen haben ihre Wurzeln in Kreta, in Kleinasien und in Thrakien. Ihre Ausformungen in Mythos und Dichtung erscheinen überall in den Kulturräumen um Theben, Delphi und Eleusis[6] und in den erhaltenen Fragmenten aus der orphischen Tradition[7]. Zahlreiche archäologische Funde stammen aus Süditalien und Sizilien. Die Bilder aus der Villa dei Mysteri in Pompeji, welche die Einweihungsriten der Orphik darstellen, haben seither Weltruhm erlangt.

Zunächst sei der kretische Umkreis um Dionysos geschildert. Kerényi weist darauf hin, daß auf Kreta hinter den bekannten Überlieferungen über die Geburt des Zeus in der Idäischen Höhle „der große, schlangengestaltige Anonyme" stand, der Zeus-Dionysos hieß, und „der in den Kretischen Höhlen seine Hochzeit hielt" (Kerényi, S. 102). Als Zeus-Zagreus ist er einerseits der unterirdische Zeus, andererseits dessen unterirdischer, gehörnter Sohn. Und dieser wird als Stier oder Bock in der dionysischen Opferhandlung zerrissen (S. 103, 104). Der geopferte Stier vertritt den leidenden, zerstückelten Gott. Das ist die vor-griechische Wurzel. In der Anthologia Graecia IX, S. 186, 3 – 4 wird (nach Kerényi, S. 81 – 83) „ausdrücklich der ungeheuerliche Kretische Ritus überliefert", daß alle zwei Jahre ein lebendig in einem Netz gefangener Stier „von den Teilnehmern lebendig zerrissen und roh verschlungen wurde". Unter „Zagreus" ist ein Jäger zu verstehen, der Tiere lebendig fängt (Kerényi, S. 80). Dionysos ist also Jäger, Jagdbeute und Opfertier zugleich, was dadurch zum Ausdruck gebracht wurde, daß einem zu opfernden Stierkalb Jagdstiefel angezogen wurden (Kerényi, S. 168). Wenn das Fleisch von der Opfergemeinde verschlungen wurde, vereinigte sie sich im kultischen Mahl mit dem Gott. Das geopferte Stierkalb war nun für ein Jahr verschwunden, kehrte aber im nächsten Jahr feierlich wieder zurück.

Eine weitere griechische Erzählung (Kerényi, S. 197) berichtet, wie die Titanen, die Riesen der Urzeit, das neugeborene Kind überfielen und „in sieben Teile zerlegt" haben, dazu „noch ein abgesondertes Organ ... welches aufbewahrt werden soll"[8]. Daß mit diesem „abgesonderten Organ" der Phallos gemeint war, welcher zu neuem Leben erweckt werden sollte, ist evident und erinnert an den ägyptischen Gott Osiris, dessen verloren gegangener Phallos durch ein kunstvoll aus Gold und Lapislazuli geformtes Organ ersetzt wurde, welches in neuer, gewandelter Weise zeugungsfähig wurde. Die „Wiedererweckung des Dionysos" geschah auf vielerlei Art. Letztlich finden wir, *pars pro toto,* den Phallos in der Cista mystica wieder. Eine Gruppe kleiner Mädchen brachte bei dem herbstlichen Fest der Arrephoria im Dienst der Göttin Athena diese Cista in die unterirdischen Gänge der Gärten der Aphrodite hinunter. Dafür trugen sie anschließend andere, „verhüllte Dinge" wieder hinauf. Diese „Dinge" bestanden aus Schlangen, Phallen und Pinienzapfen, die in Brotteig abgebildet waren und zur Befruchtung der Felder über den Acker verteilt wurden.

Bei den Eleusischen Mysterien finden wir Dionysos als das göttliche Kind im Liknon, der Getreideschwinge wieder. Dort heißt es Jakchos und trägt die Jagdstiefel, die wir als Attribut des kretischen Zeus kennen lernten.

Den mythischen Hintergrund und den Sinn der kretischen Mysterien um den zerrissenen Stier erfahren wir in dem Fragment „Die Kreter"[9] des Euripides. Dort läßt er einen Mysten berichten:

> „Ich komme von den hochheiligen Tempeln ... Ein reines Leben führe ich, seit ich Eingeweihter des Zeus vom Ida wurde, und des nächtlichen Zagreus (Dionysos) ekstatischen Rausch und die roh verschlingenden Mähler feierte, und der Bergmutter die Fackeln schwang, und geheiligter kretischer Bakchant genannt wurde."

C. G. Jung kommentiert das Geschehen so: „Die Zerfleischung der Opfertiere im Dionysoskult stellen den von den Titanen zerrissenen Dionysos-Zagreus selber dar, aus dessen Zerstückelung der neue (gewandelte) Dionysos hervorgeht."[10] Uns aber führt der Text des Euripides über das kretische Stier-Opfer in Bildern archaischer Prägung vor Augen, daß ohne Tod und Zerstückelung keine Transzendenz möglich ist.

In Delphi begegnen wir im Umkreis um das Orakel dieses Ortes nicht nur dem Licht und Bewußtsein stiftenden Gott Apollon, sondern auch Dionysos. Kerényi (S. 173) berichtet, daß der Dionysos-Kult der Apollon-Religion in Delphi vorausging. Die erste Inhaberin der Orakelstätte war die Nacht, danach Themis, die Göttin der Gerechtigkeit, sodann Python, die delphische Schlange, und mit ihr zugleich Dionysos, den wir in der kretischen Überlieferung bereits als den „Großen Schlangengestaltigen Anonymen" kennengelernt haben. Gegen diese Ur-Gottheit aus den unterirdischen Höhlen der Nacht trat Apollon zum Kampf an. Die Schlange siegte zeitweilig über einen „gefangenen, zerstückelten Gegner, dessen Glieder zum Teil in einem Ledersack aufbewahrt wurden". Der Ledersack ist ein Weinschlauch, und der Zerstückelte ist Dionysos. Erst, nachdem Apollon die Schlange getötet hatte, konnte der Gott des Weines und der Dichtung durch Apollon und seine Priester mit einem kultischen Gesang, dem Paian, „erweckt" werden. Seither hieß Apollon auch der „Dionysodotes". Der Gott Paian galt gleichzeitig als Bringer von Licht und Heilung. Kerényi formuliert treffend: „Er (Paian) vermochte dem Zerstückelten, toten, ‚wahnsinnigen' Dionysos wieder zu seiner lebendigen Ganzheit zu verhelfen". Im Sommer wurde der „Paian" des reifen Weines gesungen. Aber im November übernahmen die Frauen die Rolle der Erweckerinnen des Dionysos, und zwar als Mänaden. Die Frauen, die im täglichen Leben der klassischen Epoche der griechischen Kultur weitgehend aus dem öffentlichen Leben verbannt waren, und die an den Trinkgelagen der Männer nicht teilnahmen, übernahmen nun ihre besondere Rolle im Kultus um den Gott Dionysos. Sie begaben sich im November auf den Prozessionsweg von Athen nach Delphi zu den dortigen großen Dionysos-Festen. Kerényi (S. 175) berichtet, wie sie den Dithyrambus[11] weckten, der mit Dionysos identisch war. Die geheimen Tänze zu diesem Fest hießen Thyiaden, und den gleichen Namen trugen die Tänzerinnen. Die Thyiaden begannen damit, daß die Frauen bei Nacht, und oft in eisigen Stürmen, selber im Sturmlauf den Parnass erstiegen, bis hin zu dem Tanzplatz vor einer großen (heute noch existierenden) Tropfsteinhöhle, dem Korkyion antron. Dort tanzte im Sommer Pan mit den Nymphen, aber im Winter waren es die bakchischen Nymphen, eben die Thyiaden. Dort fand unter Fackelschein die nächtliche „Erweckung aus dem Ledersack" statt. Später fand man das Dionysos-Kind beim

Kultus der „Liknites" in der Getreide-Schwinge, dem Liknon. Was aber, *pars pro toto,* eigentlich in der Schwinge oder in der Cista mystica lag, war, wie schon beschrieben, der „besondere Teil" des Gottes, und das konnte der Phallos, das Herz oder das Haupt sein. Der Phallos wurde in feierlicher Prozession im Festzug gezeigt und verehrt, als Symbol des wiedererweckten Lebens. Der Erweckung geht aber der Tod voraus. Und was wir in der kretischen Überlieferung als männlichen Ritus kennen, wird durch die Frauen in anderer Weise vollzogen. Die Männer eignen sich die Stärke des zerrissenen Stieres an. Im weiblichen Kultus der Ekstase dagegen wird ein doppelter Aspekt sichtbar. Die Frauen empfangen in äußerster Steigerung ihres Lebensgefühls den Keim zu neuem Leben. Sie hegen und gebären diesen wachsenden Keim und das neugeborene Kind; aber in ebensolcher Erregung zerreißen sie es wieder. Die Mänaden zerreißen und verschlingen das rohe Fleisch eines Rehkitzes, wie die Männer den Stier! Diese Erzählungen erinnern uns an das Bären-Ritual der Ainu, und wenn man sie wörtlich nimmt, bleibt nichts als Entsetzen. Aber der brünstige Rausch war bei den Mänaden nicht das Eigentliche: Es war ein Bild des Mysteriums um Leben und Tod, welches als unantastbares Geheimnis der Frauen nicht veröffentlicht, nicht „beguckt" werden durfte.

Es gibt auf griechischen Vasenbildern zahlreiche Darstellungen der außer sich geratenen und schwärmerisch tanzenden Mänaden (der Rasenden). Sie werden mit fliegend offenen Haaren gezeichnet, und sie sind bekleidet mit langen Gewändern und mit Rehfellen. Sie schwingen die Thyrsos-Stäbe, das sind lange Rohrstangen, welche mit Efeu und Weinlaub umwunden und mit Pinienzapfen bekrönt sind, den Symbolen des unzerstörbaren Lebens und der Fruchtbarkeit. Diese Malereien stellen ein ernsthaftes Kultgeschehen dar, welches sicher ein Erbe aus vor-griechischer Zeit war. Es war ein Bild für die Teilhabe der Frauen an einem Geschehen an der Grenze zum Außerirdischen: Es zeigte die Ankunft des Lebens auf Erden, und den Übergang zum Tod.

Dionysos selber wird in aller Regel als würdige männliche Gestalt dargestellt; oft nur als Maske, an deren herabhängenden Gewändern kein Körper erkennbar ist. Als solches Kultbild wird er in den Dionysos-Spielen des griechischen Theaters verehrt, die dem Gott geweiht waren, und zu denen auch das Satyr-Spiel „aus Anlaß des Bockes" gehörte. Diese Trag-Odia war ein Nachspiel, in welchem Spott und Hohn die eigentliche Tragödie, nämlich die Opferung des Bockes verhüllten, denn in dem Bock starb ja der Gott, und in diesem Geschehen wurde das menschliche Schicksal gezeigt.

Die Opferung des Bockes erscheint als bäuerliche Parallele des Kretischen Stier-Opfers, es verweist besonders deutlich auf den eigentlichen Sinn dieser sonst nur als blutrünstiges Ereignis dargestellten Handlung. Die Erzählungen von dem Ziegenbock kommen vielfach in den Berichten von der Ankunft des Weingottes vor. Er kam über das Meer mit seinen Gaben an die Menschen der griechischen Kultur. Es heißt, daß die Ikarier den Fremden töteten, in dem sie den Weingott nicht erkannten. Er wurde erschlagen, und sein Blut mischte sich mit dem Saft der Trauben. In den Weinbergen aber galten von jeher die Ziegen als Feinde des Gewächses, dessen junge Triebe sie mit Vorliebe abfressen. Gleichzeitig jedoch verhilft diese „Beschneidung" zu besonders reichhaltigen und qualitätsvollen Erträgen, wenn sie im richtigen Augenblick erfolgt. Nun opferte man dem heiligen Gewächs des Weinstockes junge Ziegenböcke. Das gekochte oder verbrannte Fleisch der Tiere wurde, mit Erde vermischt, als Düngung verwendet, wodurch die Pflanzen besonders gut gediehen. Dabei galt der Weinstock gleichermaßen als eine Erscheinungsform des Gottes Dionysos, wie sein Opfertier, der Ziegenbock.

Zunächst erfahren wir nicht, in was das Zicklein gekocht wurde. Erst in späteren Grabinschriften aus Kreta und Sizilien fanden sich Inschriften auf goldenen Blättern, welche man den Eingeweihten der Orphischen Mysterien mit auf die Reise ins Jenseits gab. Dort stehen die Worte:

„Ein Zicklein fiel ich in Milch“ – oder
„Willkommen, der du das Leiden erlitten,
welches du früher nie gelitten.
Gott bist du aus Menschen geworden,
ein Zicklein bist du in Milch gefallen.“[12]

Kerényi fügt hinzu: „In der griechischen Zeremonie des Ziegenopfers wurden sieben Fleischstücke auf Spießen gebraten, nachdem man sie vorher in der Milch der Mutterziege gekocht hatte“.

Das geopferte Zicklein wurde also in der Milch gekocht, wie der zerstückelte Dionysos, mit dem sich in der Initiation in die Orphischen Mysterien der Myste durch seinen eigenen Tod identifizierte. „Gott bist du aus Menschen geworden.“ In diesem Satz erkennen wir den eigentlichen Sinn dieses Opfers, nämlich die Verwandlung. Der Mensch muß symbolisch noch einmal in den Leib seiner Mutter eingehen („in Milch – die im Kessel kochte – bist du gefallen“), um in verwandelter Gestalt aus dem Tod neu geboren zu werden. Die Verwandlung wird bei den Orphikern so dargestellt, daß das „Kind“ der Initiation in einem Kessel gekocht und danach neu geboren werden soll (K. Abb. 138). Sie geschieht bei den Orphikern mit dem deutlichen Ziel, die Unzerstörbarkeit des Lebens (die *zoë*) zu erlangen, eines Lebens, welches den Tod übersteht, aber in einem mehr oder weniger vitalen Sinn. Das wird deutlich in den schon erwähnten Bildern der „Villa dei Mysteri“ in Pompeji. Für nachdenkliche Menschen unserer Zeit kann darunter mehr verstanden werden, etwa im Sinn von mehrfachen, symbolischen Teil-Toden, die jeder Mensch in seinem Leben erleiden muß, wenn er in ein neues geistiges Reifungsstadium eintritt; und entsprechend wird er auch mehrfach neu geboren. Von einer echten Transzendenz, einem Leben in ganz anderer Form, als der irdisch-leiblichen, ist aber bei den orphischen Initiationsopfern noch nicht die Rede.

Der letzte Sinn des Opfers im griechischen Kulturraum wird uns vor allem in der Dichtung Homers über den Weg des Odysseus, und des Sophokles in seinem „Oidipus auf Kolonos" vor Augen geführt – eines überaus schmerzlichen Menschenweges, der nach innen führt. Dies soll im nächsten Kapitel über „Den Sinn der Blendung" dargestellt werden.

Zwar stammen die Dichtungen des Homer und des Sophokles deutlich aus der Sphäre des Mythos. Aber gleichzeitig berühren die Schicksale dieser beiden (natürlich nicht historischen) Menschen uns, die Zeitgenossen des vergehenden zwanzigsten Jahrhunderts sehr nahe.

In der nachfolgenden Besinnung über das Opfer sollen Odysseus und Oidipus im Hinblick auf die Blendung des Riesen Polyphem durch Odysseus, und die Selbstblendung des Oidipus betrachtet und psychologisch beleuchtet werden.

Die weibliche Seite des „Sehens" unter verschiedenen Voraussetzungen wird zusätzlich durch ein Streiflicht auf das Märchen von „Ein-Äuglein, Zwei-Äuglein und Drei-Äuglein der Brüder Grimm beleuchtet.

Der Sinn der Blendung in der Odyssee und im Oidipus-Mythos

Odysseus und Oidipus sind die zentralen Gestalten zweier griechischer Mythen, die zu verschiedenen Zeiten ihre uns überlieferte Gestalt gewonnen haben. Die Oidipodie ist der ältere Sagenstoff, der möglicherweise bis ins 12. oder 15. Jahrhundert v. Chr. zurückreicht. Das war die Zeit der blühenden und schließlich vergehenden mykenischen Kultur und der dorischen Einwanderung in den griechischen Raum. Bis dahin hatte im mittelmeerischen Raum die „Große Göttin" geherrscht. Um die Zeit der Wende von der weiblichen zur männlichen Vorherrschaft fand auch der trojanische Krieg statt (um 1200 v. Chr.). In diesem Krieg ging es weitgehend um eine Auseinandersetzung des neu erwachenden griechischen Bewußtseins mit dem sterbenden und daher negativ abgespaltenen Aspekt der Muttergöttin, aus deren Herrschaftsbereich die „griechische Seele“ in Gestalt der „entführten“ schönen Helena zurückzuerobern war.

Die uns überlieferte Sage von König Oidipus klingt zwar schon in der Ilias des Homer an; ihre eigentliche Gestalt erhielt sie aber erst in der Dichtung des Sophokles. Als siebenjähriger Knabe hatte Sophokles die vollständige Zerstörung Athens durch die Perser erlebt. Damals ging die archaisch-griechische Kulturepoche zu Ende. Der siebzehnjährige Jüngling führte nach dem Sieg über die Perser bei Salamis den Reigen und das Siegeslied der jungen Athener an. Die persischen Kriege waren, neben ihrer politischen und kulturgeschichtlichen Bedeutung, eine erneute Auseinandersetzung mit dem Banner der kleinasiatischen Göttin, die noch nach dem trojanischen Krieg etwa 600 – 700 Jahre lang weiter ihre Macht ausübte.

Sophokles erlebte das Ende dieser Macht und den glanzvollen Aufstieg der klassisch-griechischen Kultur unter der Herrschaft des Perikles, mit dem der Dichter befreundet war. Da traf ihn und die Stadt im Verlauf der peloponesischen Kriege ein neuer Schlag. Athen wurde von der Pest fast entvölkert. Auch Perikles erlag der Krankheit im Jahr 430 v. Chr. In dieser Zeit schrieb der damals siebzigjährige Sophokles das Drama „König Oidipus“ und zwar in einer Sprache, in welcher die männliche Ratio sich in ihrer Abgrenzung gegen die archaische Göttin immer deutlicher kristallisierte (Die vollständige Oidipus-Sage ist nur in der sophokleischen Dichtung erhalten). Der Segen und Fluch dieses neu erwachenden männlichen Bewußtseins hatte auch Sophokles erfaßt und beschäftigt. Und der Ausdruck jenes Ringens mag der „König Oidipus“ und sein tragisches Ende sein.

Am Rande des eigenen Grabes fand dann endlich der 90-jährige Dichter einen Weg aus der Ausweglosigkeit der ersten Tragödie. Der neuen Schau des Sophokles öffnete sich das Auge dafür, wie aus Krankheit und Unheil neues Heil erwachsen kann. Das gestaltete er in seinem „Oidipus auf Kolonos“.

Odysseus gehört einer anderen Bewußtseinsschicht an, als Oidipus. Wahrscheinlich ist er eine Schöpfung Homers. Die Odyssee wurde allerdings erst um 700, teilweise sogar erst um 600 v. Chr. niedergeschrieben. Der Sagenstoff scheint jüngeren Datums zu sein, als die Oidipodie. Dennoch erweist sich die Sprache der Dichtung des Homer und seiner Nachfahren eindeutig als einer früheren, noch archaischen Epoche zugehörig. Odysseus ist eine der wichtigsten Gestalten im Kampf um Troja, (das endlich durch seine List zu Fall kam).

Odysseus hatte bei Kriegsende Anteil an einer Schuld, die die Achaier bei der Zerstörung und Plünderung der besiegten Stadt auf sich luden. Denn in der Priesterin der Athena, Kassandra, die sich schutzflehend an das Bild der Göttin geklammert hatte, und die durch den Lokrer Ajas brutal vom Altar losgerissen und geschändet wurde, war Athena selber beleidigt worden. Athena aber war die besondere Schutzgöttin des Odysseus, und Odysseus hatte diese Verunglimpfung der Göttin nicht verhindert. Seit jener Kränkung durch Ajas blieb Athena ihrem Schützling unsichtbar, und sie war für ihn scheinbar unwirksam. Danach trat Odysseus seine bekannten Irrfahrten an, die als Bewußtwerdungs- und Reifungsweg des Helden gesehen werden können. Zur Bedeutung Athenas für viele der griechischen Helden sei lediglich daran erinnert, daß sie eine Art weiblicher Ordnung des Menschlichen verkörpert.

Diese Ordnung war in früherer Zeit durch die Göttin Metis verbildlicht, der ersten Gemahlin des Zeus. Zeus verschlang die schwangere Metis aus Furcht vor einem männlichen Nachfahren. Doch verinnerlichte Zeus mit Metis gleichzeitig den embryonalen Keim der Athena, die dann als die neue weibliche Weisheit aus seinem Haupt entsprang. Diese weibliche Gestalt entsprach kompensatorisch der aufsprossenden männlichen Bewußtseinsqualität, sie verkörpert einen Archetypus, in welchem auch die keimende weibliche Seelenhälfte des Odysseus wurzelt.

Auf der dritten Station seiner Fahrt durch die Gewässer des Großen Meeres (der Unbewußtheit) erreichte Odysseus eine Insel (des Bewußtseins), auf welcher er den Vertretern einer Primitivstufe des Menschlichen und seiner selbst begegnete. Der Repräsentant des dort hausenden Riesengeschlechtes heißt Polyphem. Dieser ist ein Großmaul im Fressen und im Reden. Er bewohnt noch die bergende Höhle der mütterlichen Erde und nimmt sich bedenkenlos aus der vorhandenen Überfülle, was er im Augenblick benötigt, um seine oralen Bedürfnisse zu stillen.

Polyphem ist ein Kyklop, Kyklops heißt „Rundauge". Dieses eine Auge befindet sich auf der Stirne. Als „drittes Auge" wird es in der indischen Überlieferung als Auge der Weisheit betrachtet, weil es die beiden Augen unserer späteren Entwicklung ergänzt und bereichert. Ursprünglich aber ist das Stirnauge ein Primitivorgan. Ich nenne es das Instinktauge. Entwicklungsgeschichtlich hängt es mit der Zirbeldrüse zusammen, die ein Bestandteil des noch undifferenzierten Stammhirnes ist. Noch die Amphibien besitzen ein sogenanntes „Scheitelauge", eine lichtempfindliche Hautstelle, mit deren Hilfe sie instinktsicher notwendige Signale aus der Umwelt während ihrer Wanderungen wahrnehmen. Auch die noch offenen Fontanellen des menschlichen Säuglings stehen damit möglicherweise im Zusammenhang. Die Fontanelle schließt sich beim Menschenkind am Ende seiner extrauterinen „Embryonalzeit". Danach, mit etwa einem Jahr, beginnt es zu laufen und die sekundäre „Geburtshöhle" seines Körbchens zu verlassen. Nun wird das Kind im eigentlichen Sinn als Mensch lebensfähig und kann mit seinen zwei Augen räumlich sehen.

Das Rundauge des Kyklopen ist ein Instinktauge, welches anzeigt, daß er noch unmittelbar in der Obhut und Weisheit der Natur „enthalten" ist. Solange dieser Zustand währt, fließt die mütterliche Milch seiner Herden unbegrenzt. Der Kyklop ist selber ein Teil der Naturmächte, die weder gut noch böse sind und folglich die Quellen der Natur nicht eigentlich schädigen und berauben können. Aber für die erwachsen werdende menschliche Differenzierung ist die eindimensionale Sicht des Kyklopenauges auf die Dauer unbrauchbar. Denn durch sein hemmungsloses „Habenwollen", welches wie ein Kleinkind nach allem greift und es in den Mund steckt, erwiese sich ein erwachsener Mensch als ein auf der oralen Stufe seiner Entwicklung Fixierter. Er wäre mit diesen Eigenschaften für die menschliche Gemeinschaft unerträglich.

Indem Odysseus diesem Ein-Auge begegnet und es neugierig erforscht, sieht er bereits mit „zwei Augen", und er entdeckt dabei die Ambivalenz der ungesteuerten Natur. Als er die Höhle des Kyklopen betritt, ist das wesentlich Menschliche in Gefahr, von dem Großmaul verschlungen zu werden.

Es sei daran erinnert, wie Odysseus mit zwölf seiner Gefährten in die Höhle des Kyklopen gelangte, und sich dort zunächst wie ein „Einauge" an dessen Vorräten an Milch und Käse gütlich tat. Als der Kyklop seine Schafe in die Höhle trieb und die Menschen entdeckte, verschloß er den Eingang durch einen riesigen Felsbrocken und verschlang an drei Abenden hintereinander je zwei der Gefährten. Am dritten Tag bereitete Odysseus in Abwesenheit des Riesen einen zugespitzten Holzpfahl zu. Nachdem der den Kyklop durch starken Wein betäubt hatte, rammte er den zur Glut gebrachten Pfahl dem Schlafenden in sein Auge. Und als der Geblendete am nächsten Morgen den Ausgang für seine Schafe öffnete, gelang Odysseus mit seinen noch sechs Gefährten die Flucht.

Seit der Blendung des Polyphem wurde Odysseus zum Zweifler. Er weiß nun um Gut und Böse, Licht und Schatten bei sich und in der Welt. Er erfährt schrittweise das Doppelgesicht des Männlichen, des Weiblichen, und später der Vielfalt der göttlichen Erscheinung. Was nun Tiefendimension gewonnen hat, ist nicht mehr eindeutig. – Eindeutig notwendig ist in diesem Augenblick lediglich der Ausbruch des Odysseus aus der regressiven „Geburtshöhle", die der Riese mit seinem Felsbrocken verschlossen hat. Menschliche Kraft vermag diesen Felsen nicht zu bewegen. Nur die List des Schwachen, aber geistig Wacheren verhilft zur „Geburt“ in eine neue Dimension des Seins. Im großen Meer der Unbewußtheit schwimmend, erkämpft Odysseus eine Insel des Bewußtseins nach der anderen. So erfährt er ganz unmittelbar, wie aus dem nämlichen, bedrohlichen Element, das ihn stets zu verschlingen droht, neue Kräfte und neue Möglichkeiten der Erkenntnis erwachen. Odysseus verliert letztlich nie die Verbindung zu seinem tragenden Urgrund, aus welchem ihm auch dann neue Lebenskraft zufließt, wenn eine Stufe seines Daseins sich überlebt hat und sterben muß.

Indem er das eine Auge „seines“ Kyklopen opfert, gewinnt Odysseus eine neue Sicht seines Lebens. Mit seinen beiden Augen vermag er nun die Welt und sich selber kritisch und rational zu sehen. Das Opfer der „Eindeutigkeit“ ist zwar schmerzlich, aber notwendig. Der Odysseus der homerischen Dichtung ist ursprünglich ein König. Dazwischen kommt er in die schwierigsten Lebenslagen als Schiffbrüchiger und als Bettler, der um sein Brot bitten muß. Zuletzt wird ihm nach einer Prophezeiung des Sehers Teiresias - dem er auf seiner Station in der Unterwelt begegnet war – bewußt, daß er ein Wanderer zwischen Wasser und Land, zwischen dem Bereich des Bewußten und des Unbewußten, und letztlich zwischen Leben und Tod ist. Der Odysseus Homers erfährt, erkundet und akzeptiert die Grenzen des Menschlichen und integriert sie in sein Leben. Zu diesem Leben gehört auch das Dasein als alter, kranker und hilfloser Greis und Bettler. Das „zweite Königtum“ des Menschen, seine zweite „Vollkommenheit“ (die C. G. Jung lieber die „Vollständigkeit“ nennt), hat den Durchgang durch viele Stufen des Lebens zur Voraussetzung, die alle wieder verlassen, „geopfert“ werden müssen.

Odysseus bleibt in der Dichtung Homers der Mensch, der sich seiner Grenzen bewußt ist, weil er sowohl die Wirklichkeit des Instinktauges als auch die Wirklichkeit der Götter erfahren hat. So vermag er von seiner Ratio den richtigen, „gemäßen“ (gemäßigten) Gebrauch zu machen.

Oidipus setzt um drei Jahrhunderte später in der Dichtung des Sophokles die Suche des antiken Menschen nach seiner Beziehung zu den Göttern fort. Und damit erfährt unsere Suche nach dem Sinn des Opfers ebenso, wie in dem homerischen Odysseus, so auch in dem Sophokleischen Oidipus neue Nahrung.

Das Kyklopenauge ist längst vergessen. Der Mensch hat sich vom Mythos getrennt. Er muß die Augen der Ratio nicht mühsam erwerben, sondern er fragt ohne Umschweife nach dem, was ihm zweckmäßig erscheint. Der Sinn eines Opfer ist ihm fragwürdig geworden. Er sieht die Tatsachen der äußeren Welt und erkennt, daß es vorteilhaft ist, sich seine jugendliche Kraft so lange wie möglich zu erhalten. Die klassisch-griechische Kulturepoche hat wie keine andere das Idealbild ewiger Jugend und Schönheit verherrlicht.

Der junge Oidipus entfernt sich nach seiner Meinung von seinem Elternhaus in Korinth. Ein dunkles Orakel aus Delphi prophezeit ihm Unheil, das von dorther kommen sollte, wo doch sein Ursprung lag. Ohne es zu wissen, war er ein Verstoßener[13].

Das Schicksal hatte dem Neugeborenen die erste eindeutige Wahrnehmung seines Daseins verwehrt, welche z. B. Odysseus sicher in den Armen seiner Mutter erfahren hatte. In diesem Mangel liegt der Grund dafür, daß Oidipus nicht wußte, wer er war. Denn um das zu erfahren, benötigt jeder von jeher und auch noch heute jedes Kind die liebevolle Annahme durch seine Eltern, die ihm mit der Verleihung eines persönlichen Namens die Gewähr geben, daß er ein vollwertiges Glied von Sippe und Familie ist, die ihn verläßlich schützen wird.

Was er nie erfahren hatte, nämlich die frühkindliche Geborgenheit, das vermochte Oidipus nicht zu opfern, bevor er es gefunden – gesehen – hatte. Ihm fehlte sein Instinktauge, er war ein Entwurzelter, der viel zu früh und zu einseitig gezwungen wurde, seine beiden kritischen Augen zu öffnen, ohne deren Hilfe er nicht hätte überleben können. Dennoch kam er, wie auch mancher heutige „Oidipus" (hinter dem sich stets ein früh gestörter Mensch verbirgt), zunächst erstaunlich gut durch die Welt. Er ist stolz darauf, das Rätsel der Sphinx rational richtig gelöst zu haben, „Ich, allein mit meinem Kopf!"

Der Wortlaut des Rätsels war folgender: „Ein Zweifüßiges gibt es auf Erden und ein Vierfüßiges ... mit dem gleichen Namen gerufen – und auch dreifüßig ... Schreitet es, sich auf die meisten Füße stützend, so ist die Schnelle seiner Glieder am geringsten."

Oidipus antwortete prompt und sachlich richtig: Das ist der Mensch. Damit schien für diesen Augenblick die böse Würgerin vor den Toren Thebens überwunden zu sein. Der Jüngling Oidipus war trunken von dem, was er mit seinem gescheiten Kopf wußte. Er meinte, das Rätsel mit einer Formel zu lösen – ich bin versucht zu sagen, mit Hilfe eines wissenschaftlich klingenden Fachwortes! Aber er hatte nicht bemerkt, daß das „Lösungswort" erst die eigentliche Frage benannte: Was ist das Wesen des Menschen, wo kommt er her, was ist sein Schicksal auf dem Weg durch die Zeit, und wohin geht er im Tod? Das ist im Grunde das Rätsel, welches die Mutter-Gottheit – die Herrin über Leben und Tod – allen Menschen, und speziell den „Jünglingen" aller Zeiten aufgibt. Schon die Kinder fragen: Wo bin ich her gekommen? Darauf gibt bekanntlich jede noch so gut gemeinte (und auch notwendige) sexuelle Aufklärung nur eine sehr oberflächliche Antwort. Und es gibt wohl kaum einen nachdenklichen jungen Menschen, der nicht die Frage nach dem „Wohin?" irgendwann einmal stellt und davor ratlos verstummt. Im Durchleben und Durchleiden dieses Geheimnisses der Sinnhaftigkeit unseres Lebens öffnet sich dem Menschen am schnellsten jene Tiefendimension, die er in einem problemlos glücklichen Leben nie erreichen würde. Denn die Frage nach dem Wesen des Menschen umgreift ja stets sein „Wandern zwischen zwei Welten" und die Schmerzen des Übergangs von einer Seinsstufe zur nächsten.

Dazu gehören die Beziehungen zu anderen Menschen und auch die immer wieder erstaunte Frage an den „Anderen“: Wer bist du? – und die Erfahrung einer liebenden Mitmenschlichkeit, die sich einfühlend mit anderen Menschen (und in der Begegnung gleichzeitig mit sich selber) auseinandersetzt. Sollte es einmal gelungen sein, daß ein Mensch wirklich „bei sich“ angelangt ist (niemals endgültig!), dann vereinigen sich in ihm für Augenblicke sein „unteres Bewußtsein“ und sein „oberes Bewußtsein“, weil er dann ahnt, wofür er da ist, woher er stammt und wohin er gehen wird.

In der Spätantike vermittelten die Mysterien-Kulte eine Einweihung in das Verborgene. Etwas ähnliches gilt für die zahlreich überlieferten Initiationsriten der Naturvölker. Oidipus, der sein „unteres Bewußtsein“, sein Instinktauge nie kennengelernt hatte, wurde durch seine beiden rationalen Augen in die Irre geführt, er hatte niemals etwas der Initiation Vergleichbares kennengelernt. Daher war er unfähig, das zu begreifen, was die Sphinx, die ja im griechischen Raum eine Hüterin der Schwelle zum Totenreich war, nicht nur Oidipus an seinen Lebensweg legte, sondern auch all den Jünglingen der Stadt Theben, ja den Jünglingen (der Jugend) dieser ganzen Epoche: Nämlich das Gesetz, nach welchem der Mensch kein Gott, sondern ein vergängliches Wesen ist. Die hoffnungsvollen Jünglinge Thebens hatten sich seit langem vergeblich bemüht, zu begreifen, was die Sphinx, die „Würgerin“ mit ihrer Frage wohl meinte, und so hatte sie einen nach dem anderen dieser Jungen „verschlungen“.

Oidipus wurde als Befreier der Stadt gefeiert und zum König gekrönt. Er regierte sogar viele Jahre segensreich. Doch eines Tages verdorrten die Felder, Menschen und Tiere litten an Unfruchtbarkeit, und zuletzt brach eine tödliche Seuche in Gestalt der Pest herein.

Nach alter Sitte war für solche Mißstände der König zuständig. Er mußte als Erster fragen, was in seinem Land, ja, in seinem eigenen Inneren verdorben, also krank war. Daher schickte Oidipus zunächst eine Gesandtschaft nach Delphi, mußte dann aber den blinden Seher Teiresias zur Wahrheitssuche beiziehen. Teiresias war es, der den Widerstrebenden durch seine harte Diagnose zwang, noch einmal genauer „hinzusehen", was er noch nicht wahrgenommen hatte. Denn Oidipus, der durch die Befreiung der Stadt von der Plage der Sphinx seinerzeit König geworden war, hatte nie darüber nachgedacht, ob es einen Zusammenhang zwischen dem rätselhaften Verschwinden des früheren Königs Laios und seiner Begegnung als Wanderer auf dem Weg zwischen Delphi und Theben geben könnte. Denn dort, an einem Hohlweg, einem „Engpaß" seines Lebensweges, war dem jungen Oidipus ein Königswagen begegnet, dessen Insasse auch noch nach dem Wanderer schlug, als er nicht ausweichen wollte. Daraufhin hatte der Junge den Alten im Zorn erschlagen und liegen gelassen. Auf den zweiten Zusammenhang, nämlich die Frage, wer die Königin Jokaste eigentlich war, mit der er jetzt zusammen lebte, auf diese Frage konnte er so schnell nicht kommen. Daher traf ihn die weitere Frage des Teiresias völlig unvorbereitet, die lautete: „Weißt du denn, wer du bist?"

Jokaste war für den jungen Befreier der Stadt zunächst einfach eine verwitwete Königin, die der Nachfolger im Königtum nach damaligem Recht selbstverständlich zu heiraten hatte. Jokaste war gleichzeitig die Priesterin der Erdgöttin Jo, mit welcher der Sakralkönig früherer Zeiten einmal im Jahr rituell die „Heilige Hochzeit" zu vollziehen hatte, um die Fruchtbarkeit seines Landes zu gewährleisten. Zudem konnte Oidipus nicht wissen, daß die Sphinx den negativen Aspekt der sterbenden „Großen Göttin" verkörperte. Diese stellte – im übertragenen Sinn – also einen Teilaspekt seiner Gemahlin (als Priesterin) dar, und so war sie ihr „verwandt". Dieser Aspekt der Jokaste war verschwistert mit dem ambivalent mütterlichen Archetypus, nach dessen freundlicher Seite sich das „Instinktauge" des Oidipus sehnte, ohne daß er darum wußte.

Als sich dann die für ihn furchtbare Wahrheit herausstellte, daß die Frau, mit der er schon viele Jahre in ehelicher Gemeinschaft gelebt hatte, gleichzeitig seine reale Mutter war, da brach für den König Oidipus eine Welt zusammen. Denn mit sehenden Augen hatte er nicht „gesehen", was man nur dann unterscheiden kann, wenn das Instinktauge zur rechten Zeit die tragende Beziehung zum „Mütterlichen" wahrgenommen hat, von der sich der erwachsen werdende Mensch lösen muß, damit er diesen Archetypus nicht in jede reale Beziehung hinein trägt.

Als Oidipus sich im Entsetzen, in Verzweiflung und Zorn über diese Erkenntnis blendete, ging es, ohne daß er sich dessen bewußt war, eigentlich um eine Wiederbelebung (oder ein für ihn ganz neues Erleben) seines Instinktauges, das er früher nie benutzen konnte, und das ihm daher im unbewußt begehrlichen Blick auf die reale Mutter den Dienst versagt hatte.

Die erste Stufe des instinkthaften Sehens ist für einen menschlichen Säugling lebenswichtig und richtig. Aber der erwachsen werdende Mensch kommt nicht darum herum, dieses Einauge zu opfern. Latent jedoch bleibt alles Geopferte verfügbar, weil es „gelebt" und danach freiwillig, wenn auch oft unter großen Schmerzen hingegeben, also nicht „verdrängt", sondern verwandelt wurde. Dem jungen Oidipus aber war sein „Kyklopenauge" verwehrt worden. Das Verwehrte ist weder ein Verzicht, noch ein Opfer, sondern Verwehrtes verunmöglicht primär eine Wahrnehmung. Danach fehlte den kritischen Augen der Maßstab, weil ihm die eine Dimension des primär Erfahrbaren mangelte. Vergangenes und Verwehrtes kann jedoch nicht einfach und direkt nachgeholt oder zurückerlangt werden. Wenn das Instinkt-Auge neu belebt (bewußt) werden soll, so geht es nicht ohne ein zeitweiliges Opfer des „Kopfes", der rationalen Augen, die nun ihrerseits in eine latente Schicht versinken.

Nachdem er sich mit den Gewandnadeln seiner Mutter geblendet hat, sagt Oidipus zu seinen Augen:

„So schaut im Finstern, was ihr nicht gedurft ..."

Dies sind die berühmten Verse 1271 – 1274 in der Oidipus-

Dichtung des Sophokles, die sehr unterschiedlich übersetzt werden.

Oidipus ahnt noch nicht, welche neue Erkenntnismöglichkeiten die Schau im nächtlichen Dunkel in sich birgt. Vorerst tappt er in realer Finsternis und ist von der Weisheit des „dritten Auges" noch weit entfernt. Vielmehr ist der König zum hilflosen und mittellosen Bettler geworden, der dringend der Führung durch seine Tochter Antigone bedarf.

Bei der Betrachtung der ersten Dichtung des Sophokles stehen wir mit den zitierten Versen 1271 - 1274 im Zentrum des Problems. Teiresias hilft uns mit einer Anweisung an den Blinden noch vollends auf die Spur des Gemeinten mit den Worten: „Nun geh' ins Haus und sinne nach." Das kann nur meinen: Nun richte deinen Blick nach innen, denn das Haus umschließt unser Inneres, sein Innenraum ist unser Inneres.

Man kann die genannten Verse auf zwei Ebenen betrachten, nämlich auf der äußeren, realen, und auf einer inneren, symbolischen Ebene.

Auf der äußeren Ebene wird, fast höhnisch, gesagt: Du darfst in alle Ewigkeit nichts mehr sehen, denn es ist dir verboten, deine Mutter je wieder als deine Gemahlin zu „sehen". Das war die Sicht Sigmund Freuds. Von dem totgeschlagenen Vater ist dabei höchstens noch insofern die Rede, als er nach Freuds Version ein Hindernis auf dem Weg zum „Besitz" der Mutter darstellt.

Was kann dann die Schau im Finstern bedeuten?

Auf einer anderen Ebene können wir das Geschehen auf der subjektiven Stufe betrachten, also als Bilder für etwas, was sich innerseelisch in Oidipus ereignet. Dabei mag es noch einmal hilfreich sein, einen Blick auf die reale Vorgeschichte des Oidipus zu verwenden. Was, wen hatte er nach seiner Geburt nicht erleben, nicht „sehen" dürfen? Ist vielleicht dies gemeint mit den Worten: „Nun schaut im Finstern"? In der Finsternis der Blendung „nach außen" ist schon manchem ein „inneres Licht" aufgegangen über das, was ihm eigentlich fehlt, was ihm bislang zu sehen „verwehrt" war. Das kann bedeuten, daß wir im Blick nach innen symbolisch etwas erleben, was uns bisher fehlte, und was nun, wenn wir es auf dieser Ebene erleben, „heil" machen kann. Denn im Symbol vereinen sich zwei Ebenen.

Teiresias hat durch seine Diagnose etwas in uns zum Bewußtsein geweckt, worüber wir tödlich erschrocken sind, und was uns in aussichtslos erscheinendes Dunkel fallen ließ. Aber gerade in solcher Finsternis kann plötzlich die Ahnung von etwas bisher noch nicht Faßbarem aufdämmern. So liegt z. B. in jedem Menschen der heilsame Archetypus einer „Guten Mutter" bereit, auch wenn er diese in seinem realen Leben nie erfahren hat. Und dieses Urbild vereinigt sich dann durch die Hilfe der „Antigone" mit dem neu erworbenen Bewußtseinsinhalt zu einem anschaubaren Bild, das zum Symbol wird (denn *symballein* heißt ja: zusammenwerfen, zusammenfügen). Das kann niemand mit dem „Kopf" begreifen, es ereignet sich, und ist dann die dichteste Wirklichkeit, die wir erfahren können.

Wir werfen an dieser Stelle einen Blick auf uns selber und auf unsere westliche Welt. Wir fragen, wohin uns die einseitig rational-männliche Sicht der Dinge geführt hat? Wir glaubten genau zu „wissen", was uns zweckdienlich ist und wir meinten die Wege zum Erfolg zu kennen. Wir „wußten", daß ein unentwegtes Wachstum unserer Wirtschaft einen immer neu „erstrebenswerten" Wohlstand sichert, und daß der Weg zum Erfolg mit Hilfe von „jugendlicher Aktivität und Dynamik" zu erreichen ist. Dabei beuten wir nicht nur unsere materielle (*mater* = Mutter!) Existenzgrundlage, die Schätze unserer Erde so schamlos aus, wie das einem Kyklopen nie in den Sinn käme. Wir beleidigen auch die Ordnung der Metis und der Fruchtbarkeitsgöttin Demeter. Wir verleugnen die Grenzen des Menschlichen, weil wir sie nicht mehr sehen wollen oder können. Denn viele von uns haben ein ähnliches Schicksal erlitten, wie der kleine Oidipus. Zwar wissen wir theoretisch, daß es uns bestimmt ist, zu altern und zu sterben, ein Schicksal, welches Odysseus ganz selbstverständlich als menschengemäß akzeptierte und sogar wünschen konnte. Wir wissen das mit unserem Kopf. Aber bis vor kurzer Zeit weigerten wir uns noch, dieses Schicksal ernstzunehmen und uns damit auseinanderzusetzen. Wie der junge Oidipus kennen wir zwar die Gesetze der Natur, aber wir nehmen sie nicht „wahr" und wehren uns noch weitgehend dagegen, ihren Sinn für unser Leben als Menschen zu sehen und in unsere Existenz einzubauen. Es fehlt uns der Zugang zu unserer „unteren Welt", und das bedeutet gleichzeitig, zu der Möglichkeit einer Transzendenz.

Ich meine, daß wir heute an der gleichen Stelle stehen, wie der König Oidipus im Angesicht seiner kranken Stadt Theben und seines eigenen Unheils. Wie Oidipus müssen wir uns durch den blinden Seher belehren lassen, wie man seinen Blick nach innen wendet, um möglicherweise zu erfahren, was wir bisher noch nicht zu sehen vermochten. Um diesen Weg nach innen zu lernen, ist es allerdings nötig, daß wir manches bis dahin scheinbar Gültige oder Nötige zum Opfer bringen. Gleich Oidipus haben wir wahrscheinlich einen weiten Weg durch Armut und Elend vor uns, bis uns kompensatorisch zu unseren rationalen auch die „inneren Augen" der Weisheit aufgehen können. Die Griechen hatten dafür ihren Einweihungsweg nach Eleusis. Dort erlebten sie die Versöhnung der Demeter und die Geburt eines segenspendenden göttlichen Kindes – ein Erleben, welches der alte Sophokles wahrscheinlich am Schluß seiner zweiten Oidipus-Dichtung, des „Oidipus auf Kolonos" verschleiert darstellte, weil es offen nicht ausgesprochen, nicht rational „zerredet" werden durfte.

Exkurs über das Sehen in dem Märchen von Ein-Äuglein, Zwei-Äuglein und Drei-Äuglein der Gebrüder Grimm

Wir unterbrechen unsere Betrachtung über die Blendung des Polyphem und des Oidipus, und wenden uns einem deutschen Märchen zu, um die Augenthematik und das Opfer des Sehens noch etwas weiter zu spinnen. Denn vor der Blendung oder dem Opfer des Auges steht ja die Fähigkeit zu sehen.

Ein kleines Mädchen hat zwei Schwestern und eine „böse" Mutter. Die eine Schwester hat nur ein Auge, die zweite Schwester hat drei Augen. Nur „Zweiäuglein" hat zwei Augen, „wie das gemeine Volk", wie alle anderen Leute auch. Das Einäuglein erhält von seiner Mutter alle guten Dinge, die ein Kind benötigt, um „satt" zu werden. Das „Dreiäuglein" hat sich zu seinen beiden normalen Menschenaugen noch das eindimensionale Kyklopenauge bewahrt. Es kommt also bei der Mutter ebenfalls auf seine Kosten und wird satt. Nur das arme „Zweiäuglein" muß darben. Es sieht die Welt offenbar ganz anders als seine Schwestern. Es kann sich nichts nehmen von all den guten Dingen am Tisch der Mutter. Es muß sich begnügen mit den spärlichen Brocken, welche die Schwestern und die Mutter ihm übrig lassen. Für sie ist die Mutter böse und versagend.

Eines Tages, als das Mädchen die Ziege der Familie hüten sollte (in anderen Fassungen ist es eine Kuh), saß es „auf einem Rain und fing an zu weinen und so zu weinen, daß zwei Bächlein aus seinen Augen herabflossen". Zweiäuglein weint bitterlich über seine Verstoßung aus dem Paradies der Fülle; einer Fülle, die es vielleicht nie erfahren hatte. Darum hatte es so früh mit seinen zwei rationalen und kritischen Augen sehen und sein menschliches Elend wahrnehmen gelernt.

In diesem Jammer naht sich ein weiblicher Archetypus in Gestalt einer Frau, einer gütigen Alten. Sie weist das Kind auf die positiv-mütterlichen Gaben hin, die es von dem Tier haben kann, das es zu „hüten" bekam, ohne um diese Möglichkeit zu wissen.

„Zicklein meck, Tischlein deck".

Dieses einfache Sprüchlein genügt, um die herrlichsten Speisen herbeizuholen, an denen das verhungerte Mädchen sich satt essen darf. Mit Vergnügen sehen wir mit an, wie sein Sehnen, sein ursprüngliches und unbewußtes Einauge endlich gestillt wird. Durch den Rat der gütigen Frau sind Zweiäuglein nun auch die nährenden, erhaltenden Aspekte des Animalisch-Mütterlichen zuteil geworden.

Aber schon tauchen die beiden „Schwestern" auf, die ja Teilaspekte des Zweiäuglein selber verkörpern, mit denen es sich noch auseinandersetzen muß. Zunächst soll Einäuglein aufpassen, was Zweiäuglein tut. Das gelingt dieser Schwester nicht, denn „zwei" Augen sind wachsamer als das Auge der eindimensionalen Sicht. Das begehrliche Einauge ist zwar auf dem Plan erschienen, und es besteht die Gefahr, daß das Bewußtsein (Zweiäuglein) verführt wird, zur eindimensionalen Sicht zurückzukehren. Würde Zweiäuglein diese Gefahr des Verharrens in der Regression nicht erkennen, so würde ihr das zum Unglück gereichen. Durch einen Zauberspruch aber kann es das Einauge ansprechen und einschläfern. Doch am nächsten Tag schickt die böse Mutter ihre andere Tochter Dreiäuglein mit. Zweiäuglein erkennt zunächst auch hier die Bedrohung. Denn das eine Auge, welches Dreiäuglein zusätzlich zu seinen zwei rationalen Augen hat, ist ja ein Relikt (und keineswegs schon ein gewandeltes Weisheitsauge). Dieses Relikt aus der symbiotischen Paradieszeit aber wird dem Zweiäuglein zum Verhängnis, weil es damit noch nicht genügend umzugehen gelernt hat. Denn so sehr wir dem armen Kind seine Wundermahlzeiten gegönnt haben, welche die Ziege ihm bescherte, so darf doch die Regression in diese komplementäre Wunscherfüllung kein Dauerzustand bleiben.

Mit Zweiäuglein können wir hier in einen schier unlösbaren Zwiespalt geraten. Wenn das eine Auge die Oberhand gewinnt, so kann das den Verlust der zweidimensionalen Sicht des Bewußtseins bedeuten. Aber gleichzeitig müssen vorübergehend die kritischen zwei Augen „schlafen", damit diejenige Funktion des Instinkt-Auges in Kraft treten kann, die auf einer anderen, vorbewußten Ebene

„weiß", was nötig ist, damit eben jene zwiespältige und gefährliche Regression nicht fixiert wird! Dreiäuglein paßt also auf, was Zweiäuglein tut. Aus dem vorher Gesagten wird nun verständlich, welche Fehlleistung dem Zweiäuglein unterläuft. Es muß so kommen, wie es scheinbar schlimm, in Wirklichkeit aber richtig ist, damit Zweiäuglein auf seinem Weg vorankommen kann. Aus Versehen sagt es sein Zaubersprüchlein verkehrt auf, nämlich nicht
„Dreiäuglein, wachst Du? Dreiäuglein, schläfst Du?"
sondern:
„Dreiäuglein, wachst Du? Zweiäuglein, schläfst Du?"
So schlafen nur die zwei rationalen Augen der „Schwester" ein, das Einauge aber bleibt wach und nimmt blinzelnd wahr, woher all der Segen für Zweiäuglein kam. Das Einauge hat hier, wie schon erwähnt, eine negative und eine positive Funktion. Im übertragenen Sinn bedeutet dies, daß einerseits eine an sich nötige Regression fixiert werden oder gar auf einer malignen Stufe verhärten könnte. Das wäre jetzt nicht mehr gut. Auf der anderen Seite aber „verpetzt" das Kyklopenauge die Bewußtseinsträgerin bei der Mutter, die sich in ihrer Bosheit als förderlich für Zweiäuglein erweist, ohne es zu wollen. Der Paradieszustand der eindimensionalen Sicht muß auf alle Fälle geopfert werden. Aber die Reifung des versinkenden Einauges zum „dritten Auge" wird ebenfalls nur dann möglich, wenn die „zwei Augen" des Dreiäugleins vorübergehend ausgeschaltet werden. Sie müssen eine Zeitlang „schlafen".
Die böse Mutter schlachtet nun die gute, nahrungspendende Ziege. Zweiäuglein ist in das alte Elend verstoßen und sitzt weinend am Wegrain, weil alles Ersehnte wieder verlorenging. Da erscheint in der äußersten Verzweiflung wiederum die „weise Frau" und sagt dem Kind, was es tun soll: Es möge die Mutter bitten, ihr die Eingeweide das scheinbar Geringste, in Wirklichkeit aber wertvolle Innerste – der getöteten Ziege zu überlassen, und das Mädchen soll diese Innereien begraben. Zweiäuglein hebt bei Nacht

eine Grube vor der Türe des gemeinsamen Wohnhauses aus und versenkt darin den „Kern" des geliebten Tieres. Das ist die eigentliche Vollendung des Opfers, welches das Mädchen ganz für sich allein vollziehen muß. Und, wie wir im Märchentext weiter lesen können, ist am nächsten Morgen bereits das Wunder der Verwandlung geschehen: Ein wunderschöner Apfelbaum mit silbernen Blättern und goldenen Früchten ist gewachsen, welche nur Zweiäuglein als die rechtmäßige Besitzerin pflücken kann. Das „dritte Auge" der Weisheit und Ganzheit ist hier in Gestalt der goldenen Äpfel so weit gereift, wie es auf dieser Entwicklungsstufe möglich ist.

Mir scheint, daß das Märchen für die weibliche Stufe etwas ähnliches beschreibt, wie wir es in dem Bericht über Oidipus auf Kolonos erfahren. Dort bringt der blinde Bettler am Quell der Demeter und am Eingang zur Unterwelt seinen alten Leib den Athenern und der Erde zum Opfer dar, weil er erfahren hat, daß daraus ein Segen werden kann. Der „alte Adam" stirbt, damit ein neuer Mensch werden kann.

Nach diesem Ausflug zu einem Märchen, das uns auf seine Weise die Notwendigkeit der Opferung einer gewissen Sicht, und damit auch eine weibliche Variante des Themas nahe gebracht hat, kehren wir in den griechischen Kulturkreis zurück.

Der Opferweg von der Blendung zum inneren Sehen

Oidipus gelangte auf anderen Wegen zur Erkenntnis und zur Erfahrung seiner Einheit, als Odysseus. Er hatte keine Göttin zur Seite, höchstens eine verborgen grollende Demeter-Persephone (den finsteren Aspekt des Weiblichen). Aber er erfuhr die Gegenwart des Gottes der lichten Erkenntnis und der finsteren Todeswahrheit als unerbittliche Forderung in seinem Inneren[14]. Denn Apollon hat ihm stets die zweideutigen Weissagungen aus Delphi geschickt, die Oidipus einerseits ins Elend, andererseits aber auf seinen notwendigen Weg zur

Wahrheitssuche schickten. Auf diesem schweren Weg begegneten dem König von Theben drei hilfreiche Menschen. Den ersten dieser Helfer, der Oidipus den Weg nach innen wies, lernten wir schon kennen in Gestalt des Teiresias. Wir erfahren, wie er seine Sehergabe erlangte. Denn Teiresias überraschte als Jüngling die Göttin Athena beim Bad in einer Quelle. Weil aber kein Mensch den Anblick einer unverhüllten Gottheit erträgt, legte sie ihre Hand auf seine Augen, worauf er erblindete. Als Gnadengeschenk jedoch verlieh ihm die Göttin die Gabe der Hellsichtigkeit.

Die zweite Helferin des Oidipus ist seine Tochter Antigone. Sie stellt sich bedingungslos auf die Seite des Schwachen, Hilflosen. Sie versorgt ihn, wie eine Mutter ihr Kleinkind mit allem Nötigen versorgt, ohne nach Gut oder Böse, Gerecht oder Ungerecht zu fragen. So weckt sie in ihrem Schützling ganz still jenes Urbild der guten, hilfreichen Mutter, das, wenn es soweit ist, dann auch zum Inbild, zum heilsamen Symbol werden kann. Denn nur die Liebe vermag zu heilen.

Der dritte hilfreiche Freund des Oidipus heißt Theseus. Er ist der König von Athen, den die ratlosen Einwohner von Kolonos zu Hilfe riefen, nachdem Oidipus in den „unbetretbaren" Bezirk ihres Heiligtums gekommen und sich darin niedergelassen hatte. Es war der Hain der Göttinnen, die überall sonst als Rachegeister (Erinnyen) gefürchtet waren, hier in Kolonos aber als die Wohlmeinenden, Gnadenreichen (Eumeniden) verehrt wurden. – Oidipus hat seinen Namen und seine Identität unter Qualen bekannt, nachdem Theseus neben ihn mit den Worten getreten war:

„Sprich frei, du nennst mir kein so schweres Los, / das mich von deiner Seite trennen kann. / Ich weiß: Ich bin ein Mensch, / es macht vielleicht der nächste Tag / Schon unsre Lose gleich."

Und dieser Theseus sagt den Bürgern von Kolonos:

„Vertrauensvoll ergreif ich seine Hand / und mache ihn zum Bürger dieses Landes."

So hilft er dem Verstoßenen, der in seinem Mutterkomplex verstrickt war. Er vermittelt ihm noch einmal neu die Erfahrung der Mitmenschlichkeit, indem er sich als Bruder neben den Bruder stellt.

Odysseus, der die ursprünglich naive Geborgenheit primär erfahren hatte, erlebte letzten Endes durch alle Gefahren hindurch, daß seine „Schutzgöttin“ ihn nie verließ, auch dann, wenn er sie nicht unmittelbar wahrnehmen konnte. Oidipus wurde durch Antigone und Theseus nachträglich und symbolisch das Gleiche zuteil. Denn dadurch, daß Antigone ihn fraglos betreute und Theseus ihn bedingungslos annahm, erwachte in Oidipus zuletzt die innere Sicht einer fühlenden Seele, die es nicht mehr nötig hatte, zu rechten und zu verfluchen. Er war ausgesöhnt mit seiner eigenen weiblichen Seelenhälfte, was seinen bildhaften Ausdruck in einem kultischen Bad im Wasser „des Quells der grün prangenden Demeter“ findet. Die „grün prangende“ ist die Fruchtbarkeits-Göttin, die nicht mehr grollt, sondern neues Leben gedeihen läßt, die also die innere „Verdorrung“ wieder aufhebt, welche im Bild der trockenen Erde und der „Unfruchtbarkeit“ in der Stadt Theben sichtbar geworden war.

In der Dichtung des Sophokles gelangt der blinde Bettler symbolisch an seinen Ursprung zurück am Eingang in die Tiefe der Unterwelt. Dort wird ihm ein Blick zuteil, der alles bisherige transzendiert. Der Text spricht von einem Blick, der leuchtend *(leussein)* ins Weite gerichtet ist. Selbst Theseus, der ihn als Einziger begleitet, hält dieses Licht nicht aus und muß seine beiden Augen schützen, aber der „Bote“, der das Ende „von ferne schauend“ berichtet, spricht die Worte: *„Nach einer kleinen Weile sah man ihn* [Theseus] */ sich bis zum Boden neigen, und zugleich / zum Göttersitz erheben sein Gebet“.* (Sophokles, Oidipus auf Kolonos, Vers 1652–1655)

Dieser Gestus des Gebets nach unten und nach oben ist ein Ausdruck dessen, wie Theseus die letzte Verwandlung des Oidipus begleitet. Der Ruf des Zeus „von oben“ und jener der Persephone „von unten“ ertönte, als Oidipus sein letztes Opfer für die Athener dargebracht hatte und in seine letzte (unsichtbare) Gestalt „verschwunden“ war.

So wird der blinde Oidipus am Rand des Grabes zum „sehenden“ Führer in eine neue Dimension des Menschlichen. Sein „drittes Auge“ hat sich im Angesicht des Todes geöffnet, das ursprüngliche Instinktauge hat sich zum Weisheitsauge gewandelt. Erst der Verstoßene und Verdammte vermochte auf seinen mühsamen Wegen zu dieser neuen Möglichkeit des Heils zu gelangen. Der Fluchbeladene kann vielleicht durch sein Opfer neue Wege in ein sinnerfülltes Leben weisen, auch für uns und unsere kranke Erde.

Wenn wir auf das Kapitel der mannigfachen griechischen Opferhandlungen zurückblicken, so begegnen uns in der griechischen Kulturepoche die widerspruchvollsten Strömungen.

Es gab reine Blutopfer, in welchen ein durchaus materialistischer „Sinn“ anklingt.

Es gab auch Opfer, die eine echte *unio mystica* zwischen dem Gott, dem Opfertier und dem darbringenden Menschen andeuten und auf das Motiv einer Verwandlung hinweisen.

Es gab ferner „Opfer“, die eine Perversion durch menschliche Hybris anzeigten.

In der Odyssee des Homer und in der Oidipus-Dichtung des Sophokles wird das Wandlungsgeschehen des Opfers am deutlichsten erkennbar. Vor allem bei Oidipus wird deutlich, daß eine „Vergeistigung nach oben“ nur gleichzeitig im Opfer „nach unten“, im Durchgang durch den Tod gelingen kann.

Die Orphischen Mysterien, welche den späteren gnostischen Strömungen nahe stehen, gehen zwar auf eine echte Wandlung zu, bleiben aber, entsprechend der spätantiken Weltanschauung in Bildern einer durchaus „diesseitigen“ Vitalität stehen, wie sie später, in nicht mehr verstandener Symbolik, den griechischen Olympiern zugesprochen wurde.

Anmerkungen

1 Clarus, Odysseus und Oidipus, Bonz-Verlag 1986
2 Euripides, „Iphigenie auf Aulis", Kröner-Verlag, „Sämtliche Tragödien des Euripides, Band II, S. 70 - 127
3 Odyssee X, 505 – 527, und Clarus, „Der Weg des Odysseus", Bonz-Verlag 1997
4 Mircea Eliade, Die Religionen und das Heilige, S. 107/108, Insel-Verlag 1986
5 Als wichtigste Quelle diente mir das letzte Werk von Karl Kerényi: „Dionysos", Verlag bei Langen und Müller, München 1976
6 z. B. bei Sophokles, Oidipus auf Kolonos, und bei Euripides, Die Bacchen
7 Otto Kern, Orphische Fragmente, Berlin, 1920
8 Ludwig Deubner, Attische Feste, Wissenschaftliche Buchgesellschaft Darmstadt 1954, S. 9 - 11
9 Die Fragmente des Euripides, übersetzt von Gustav Seek, Wissenschaftliche Buchgesellschaft Darmstadt, Fragment Nr. 472
10 C. G. Jung, G. W. 11, § 355
11 Der Dithyrambus wurde im Chor von fünfzig Knaben und Männern gesungen und um den Altar des Dionysos getanzt. Es ist kein festes Versmaß überliefert. Die Entwicklung zur Ekstase steigerte sich im Laufe der Zeit, und der Dithyrambus gilt als Vorform der Tragödie. Die erste Bezeugung stammt aus dem 6. Jahrhundert v. Chr. (Der kleine Pauly 2, S. 106)
12 Kern, Fragmente, S. 214
13 Es sei daran erinnert, daß der Neugeborene mit durchbohrten Füßen ausgesetzt wurde, weil seinem Vater verboten worden war, einen Sohn zu zeugen, denn dieser Sohn müsse ihn umbringen. Der Knabe wurde auf dem Gebirgszug Kithairon zwischen Theben und Korinth ausgesetzt und von einem Hirten gefunden und dem kinderlosen Königspaar von Korinth überbracht. Dort wurde er als Kind dieser Eltern erzogen. – Der junge Prinz wurde aber durch ein Orakel aus Delphi erschreckt, welches ihm verkündete, er müsse seinen Vater töten und seine Mutter heiraten. Deshalb floh er aus Korinth.
14 Der Gott Apollon schießt von seinem Bogen nicht nur die goldenen Sonnenpfeile ab, sondern auch die finsteren Todespfeile, die den Männern ihr Ende bereiten.

Literatur

Wolfgang Helck, Betrachtungen zur Großen Göttin und der ihr verbundenen Gottheiten (R. Oldenburg, 1971)

Ingeborg Clarus, Odysseus und Oidipus – Wege und Umwege der Seele (Bonz, 1986)

Sophokles, König Oidipus (Übers. Ernst Buschor, Reclam 630)

Sophokles, Oidipus auf Kolonos (Übers. E. Buschor, Reclam 641)

Theocritus (Zit. nach Karl Kerényi, Die Heroen der Griechen, S. 111, Darmstadt 1959)

Wilhelm Willige, Oidipus auf Kolonos (Heimeran, 1966)

Jutta v. Graevenitz, Über das Ödipus-Problem (in „Psychotherapie und Seelsorge", Stuttgart 1954)

Gebrüder Grimm, K.H.M. Nr. 130

Frank Brommer, Theseus, (Darmstadt, 1982)

Walter Burkert, Homo necans (Griechische Opferbräuche, Studienbuch II. Aufl. 1997)
Euripides, Iphigenie auf Aulis. (in: Sämtliche Tragödien)
Homer, Ilias, XXII und XXIII. (Reclam 1951)
Eliade, Mircea, Die Religionen und das Heilige. (Insel, 1986, S. 107, 108)
Kerényi, Karl, Dionysos (Langen und Müller, München 1976)
Kern, Otto, Orphische Fragmente (Berlin 1920)
Deubner, Ludwig, Attische Feste, S. 9 – 11 (Wissenschaftliche Buchgesellschaft, 1954)
Jung, C. G., Gesammelte Werke 11
Der kleine Pauly, Bd. 2

5. DAS VERSTÄNDNIS DES OPFERS IM KELTISCHEN KULTURRAUM

Wenn wir uns dem keltischen Kulturraum zuwenden, so betreten wir damit eine Welt, deren Wurzeln im Ungewissen liegen. Wenn man überhaupt von einem „Volk“ sprechen will, so kann man höchstens feststellen, daß es Einwanderungen aus dem Mittelmeerbecken gab, die sich über Spanien bis nach Irland erstreckten. Es gab und gibt dunkelhaarige Typen – aber auch hellblonde bis rothaarige Menschen, vor allem im inselkeltischen Raum, also in Irland und Wales. Viele Wanderwege verliefen unruhig hin und her, zwischen Festland und Inseln und entlang den großen Flüssen, die in ihren äußersten Ausläufern über die Donau bis nach Kleinasien (Pergamon) und nach Delphi in Griechenland ihre Kreise zogen.

Die mediterranen Wanderströme

Die Einwanderer entlang der Atlantischen Küste und vor allem in Irland trafen auf die Ausläufer einer jungsteinzeitlichen und einer bronzezeitlichen Kultur, und damit auf die Überlieferung differenzierter astronomischer Kenntnisse, welche die keltischen Druiden übernahmen. Hinzu kam ein ausklingendes Matriarchat aus der Bronzezeit, das vor allem im Brauchtum des Volkes und in den überkommenen Sagen weiter lebte. Überall, wohin sie kamen, bildeten die Kelten eine kulturelle Oberschicht, die sich mit den angestammten Einwohnern und deren Brauchtum amalgamierten.

Die Sage berichtet von sechs Einwandererwellen nach Irland, über die das „Buch von der Gelben Kuh“[1] Auskunft gibt, das um 1100 aufgeschrieben wurde. In den einzelnen Erzählungen bleibt es unklar, ob die Ankömmlinge aus den Wogen des Meeres oder den Wolken des Himmels Götter oder Menschen waren. Uns interessieren in dem gegebenen Zusammenhang nur die beiden letzten „Invasionen". Die fünfte brachte die „Götter" im Gefolge der Göttermutter Dana. Sie kamen mit „Schiffen" aus dem Meer, oder aus den Wolken des Himmels. Wolken und Wogen lassen sich auch heute noch bei den elementaren Wolkenbrüchen über Irland schwer unterscheiden! Das Volk der Göttin Dana wird Tuatha De Dannan genannt, und der oberste Gott dieses Volkes ist der Sohn und Gemahl der Großen Göttin. Er heißt der „Gute Dagda". Im Anschluß an die kunst- und zauberreichen Tuatha De Dannan erschienen etwa um unsere Zeitwende die „Söhne des Mil", die eigentlichen Gälen, deren Existenz an geschichtlich faßbare Daten grenzt. Es heißt, daß die Gälen, die das Eisen ins Land brachten, die Götter der Dana besiegten, mit denen sie danach jedoch weiter in friedlicher Koexistenz lebten. Die Gälen beherrschten von nun an die Erdoberfläche, während sich die Tuatha De Dannan unter die „Hills" zurückzogen. Von dort aus aber standen sie stets mit der „oberen" Welt weiter in Verbindung. Besonders um die Zeit des Frühlingsfestes von Beltene am ersten Mai, und um den ersten November, dem Jahres-Schlußfest Samuin, wirkten sie freundlich oder feindlich in den Bereich der auf der Erde Lebenden hinein.

Das keltische Sagengut stammt ausschließlich aus dem Bereich der Inseln, weil dorthin keine römischen Einflüsse vordrangen, welche vor allem in Gallien, den Rheinlanden und im süddeutsch-schweizerischen Raum die Spuren des alten Erzählgutes überformten oder ganz verwischten. Weil in Irland das den Kelten wesensfremde Römertum nicht ankam, traf dort das frühe Christentum auf die druidischen Überlieferungen von der Unsterblichkeit der Seele, und es wurde reibungslos aufgenommen. Die Druiden-Sprösslinge wurden zu Mönchen, und sie konnten die alten keltischen Mythen fast unverfälscht aus ihrem Gedächtnis aufschreiben.

Wir beschränken uns im Rahmen unserer Frage nach dem

Sinn des Opfers auf den keltischen Kessel, speziell in seiner Funktion als *Opferkessel.*

Zuvor aber will ich meine eigene erste Begegnung mit dem Kessel schildern. Als ich zum erstenmal nach Irland kam, wohnte ich im äußersten Südwesten des Landes bei einer Fischerfamilie in einem kleinen Dorf. Als ich mich zu Fuß umsehen wollte, stellte ich fest, daß es dort keine Wanderwege gab, sondern daß ich mich über Mauern kletternd und durch Hecken schlüpfend fortbewegen mußte. Auf den Weiden dazwischen grasten Rinder und Pferde, gelegentlich auch Rudel von Jungstieren. Auf den unfruchtbaren Heidekuppen holten sich Schafe und Ziegen, was sie finden konnten. Bald mußte ich mein Vorhaben, entlang der Küste vorwärts zu kommen, aufgeben, weil mein Regenumhang in einer leuchtend roten Umschnalltasche untergebracht war, für die sich alsbald eine Gruppe von Jungstieren lebhaft interessierte. Als sie mir im Galopp näher kamen, fand ich Schutz zwischen Stechginster und Brombeergestrüpp. Nachdem ich dieser stacheligen gelben Pracht zerkratzt wieder entkommen war, entschloß ich mich für den einzigen begehbaren Weg, den es außer der Asphaltstraße gab. Er führte mich nach geraumer Zeit in die Nähe eines Dorfes, vor dessen Eingang ein Wegzeichen angebracht war, das mitten in die nächsten Hügel wies, und auf dem handschriftlich das verheißungsvolle Wort „Museum" stand. Nach wiederum einer Stunde Fußweg tauchte ein strohgedecktes Haus zwischen den Dünen auf, die mit einem Teppich von duftenden, wildwachsenden Kräutern und Blumen überzogen waren. Als ich das Areal umkreiste, erschien im Eingang des Hauses eine Frau zwischen 50 und 60 Jahren, bekleidet mit einem ehemals wollweißen, jetzt grauweiß melierten Pullover aus dicker Schafwolle und einem weiten Jeansrock. Sie trug lange, ungekämmte Haare, und ihre Gestalt war so breit wie lang. Sie lud mich sofort ein, in dem „Hexenhaus" ihr Museum zu besichtigen – und, da ich offenbar etwas müde aussah, zunächst einen Tee mit ihr zu trinken. Das Innere des Hauses glich eher einem Stall. Es war wahllos vollgestopft mit

Funden aus den umliegenden Feldern: mit Steinwerkzeugen, mit Scherben von zunächst schwer bestimmbarem Alter, mit Hufeisen, Töpfen, Schüsseln, sowie altem Meßgerät.

Erst am Ende des etwas ermüdenden Rundgangs neben der begeistert erzählenden Besitzerin all dieser Herrlichkeiten, fiel mein Blick auf einen Winkel des äußeren Gebäudes. Dort standen vor dem Fenster zwei geschwärzte Kupferkessel beachtlichen Ausmaßes. Ihr oberer Rand reichte der Eigentümerin bis über die Hüfte, und sie selber hätte darin sitzend Platz gefunden. Diese Kessel waren dazu bestimmt, mit eisernen Ketten über einem Feuer aufgehängt zu werden. Die Dame des Hauses erklärte mir, daß darin Essen für ein großes Gesinde gekocht worden sei: Porridge, an Festtagen mit Beigaben von Fleisch und Gemüse – oder in späteren Zeiten Kartoffeln. In manchen Dörfern gäbe es noch viel größere Kessel, in denen während der häufigen Hungersnöte Brei, Suppe oder Kartoffeln für alle umliegenden Gehöfte gekocht worden sei. Auf einer späteren Wanderung konnte ich einen solchen Kessel tatsächlich bewundern, in dem sicher sechs Menschen Platz gefunden hätten!

Wenn man nach der Tradition solcher Kessel fragt, dann stößt man nicht nur auf altes Brauchtum, sondern auch auf keltisches Sagengut, welches die Mönche aus der druidischen Überlieferung aufgeschrieben haben das früher nur mündlich weitergegeben werden durfte.

Die Mythen um den keltischen Kessel

Zunächst will ich die Herkunft des keltischen Kessels aus dem „Land der Götter“ und seine sich im Lauf der Zeit wandelnden Funktionen am Beispiel von Mythen aus Irland und Wales darstellen. Es gibt tiefsinnige und humorvoll-drastische Erzählungen über den ursprünglichen Eigentümer des Kessels, des Gefäßes, das ein ganzes Volk zu ernähren vermag. Später wird der magische Kessel in die Unterwelt entführt, wo er und seine Gaben ungenutzt bleiben, bis er später mit einem Riesen der Vorzeit wieder aus der Versenkung auftaucht, nun aber mit veränderter Funktion, die es neu zu entdecken gilt.

Im Kessel ereignen sich Tod und neue Geburt; und er wird auch zum untrüglichen Künder von Wahrheit. Wer unbefugt nach ihm greift, bleibt erstarrt an ihm hängen. Schließlich wird im keltischen Kessel ein Gemisch aus Gift und Weisheit gebraut. Er zerbirst und ist scheinbar endgültig verschwunden, bis er Jahrhunderte später wieder im Bewußtsein der Menschen auftaucht in der Gestalt des Heiligen Gral und aller Geschichten, die sich um diesen ranken. Innerhalb dieser Erzählungen klingt immer wieder die Frage nach dem Opfer an, das in dem Kessel vollzogen wurde.

Die Herkunft und die Funktionen des keltischen Kessels

Wir erfuhren bereits, daß der oberste Gott der Tuatha De Dannan der „Gute Dagda" war, und diese De Dannan's brachten aus ihrer Heimat „hinter den Wogen" fünf Kostbarkeiten mit nach Irland, darunter den Wunderkessel des Dagda. Wenn wir uns nun den Mythen um die Herkunft und die sich wandelnden Funktionen des Kessels zuwenden, dann müssen wir als erstes auf unseren rational begründeten Wunsch nach logisch faßbaren Zeitfolgen verzichten, weil diese Logik dem keltischen Wesen und der phantasievollen Erzählfreude dieser Menschen zuwiderläuft. Sie springen mit großer Selbstverständlichkeit von einem Zeitpunkt zum anderen über, gestern und morgen können gleichzeitig heute sein. Und ebenso fließen die Dimensionen der realen Wirklichkeit und der Anderswelt oft nahtlos ineinander über. Das bedeutet nicht, daß die Kelten sich im realen Leben nicht zurecht fanden, denn sie waren zum Beispiel vorzügliche Landwirte und Handwerker und beherrschten die zugehörigen Techniken oft virtuos. Aber das „Hier" und die „Anderswelt" besaßen für sie den gleichen Wirklichkeitswert.

Ursprünglich hatte der Kessel des Dagda die Aufgabe, große Mengen an Haferbrei zu kochen und die Menschen von ganz Irland zu ernähren. Er wurde niemals leer. Dagda wird aus vielen Gründen der „Gute" genannt. Das hat nicht nur mit seiner Fähigkeit zu tun, sein Volk mit den Gaben seines Wunderkessels zu ernähren, sondern der Dagda „kann" sehr viel gleichzeitig „gut"; z. B. ist er auch fähig, den Kessel ganz alleine auszulöffeln. Das berichtet mit genüßlichem Humor eine Erzählung aus der Zeit, in welcher es dem Dagda und seinem Volk sehr schlecht ging. Ein anderes Volk aus der Vorzeit, die riesenhaften Fomore (welche die Widerwelt der geordneten Schöpfung repräsentierten) war nämlich des Dagda habhaft geworden, als dieser sich zu einem Erkundungsweg in die Unterwelt aufgemacht hatte. Nun hatten die Fomore in ihrem Königskessel Unmassen an Haferbrei gekocht, in dem noch ganze Ziegen, Schweine und Schafe enthalten waren. Sie gossen den Inhalt ihres Kessels in ein großes Erdloch, und Dagda wurde der Tod angedroht, falls er diese Speise nicht restlos vertilgen könne. Da ergriff Dagda eine große Kelle, in der ein Mann und eine Frau Platz gehabt hätten. Er machte sich an die Arbeit, er löffelte alles leer und wischte sogar noch mit dem Finger den Boden der Grube sauber. Danach war sein Bauch so groß, wie der Kessel und er hatte etwas Mühe, sich weiter zu bewegen, so daß alle Fomore sich über ihn lustig machten. Doch Dagda, der alles „gut kann", war trotzdem noch zu einem Stelldichein mit der Tochter des Königs der Unterwelt fähig, der sein Feind war. Nachdem aber Dagda dessen Tochter „gepfählt" hatte, war sie bereit, ihm bei der Vernichtung ihres Vaters Tetra behilflich zu sein!

Diese drastische Geschichte hat einen doppelten Sinn: Der oberste Gott muß sich erstens die Speise der Mächte des Chaos bis zur Neige einverleiben und sie verdauen, wenn er den Sieg über sie erringen will. Das ist aber zum anderen nur möglich, wenn er sich auch mit der weiblichen (der fruchtbaren) Seite jener Macht verbindet. Dagda war ja der Gott der Druiden, und diese wußten wahrscheinlich über die Mächte und Widermächte des Daseins und deren schwer verdauliche Gegensätze sehr gut Bescheid.

Nach diesem Zwischenspiel des Dagda in der Unterwelt wird auf der Erde eine Entscheidungsschlacht geschlagen, in der die Fomore zwar in die Flucht getrieben werden, aber unbemerkt die Kostbarkeiten der Tuatha De Dannan mit sich in die Unterwelt entführen, darunter auch den Kessel des Dagda.

Die zweite Funktion des Kessels

Die Überschrift der folgenden Sage aus Wales entstammt der Sammlung von den „Vier Zweigen des Mabinogi". Dies ist eine in Kymrischer Sprache überlieferte Sammlung mythischen Stoffes, der zum auswendig zu lernenden Pflicht-Repertoire eines Barden-Schülers gehörte.[2]

In der Sage von Branwen taucht der Kessel aus einem unbestimmten Bereich unter der Erde auf. Im Verlauf der Rahmen-Erzählung von einer Brautwerbung, erfahren wir wichtige Einzelheiten über diese Version der Herkunft des Kessels und seiner zweiten Funktion.

Der irische König Matholwch, so wird berichtet, freite in Britannien um Branwen, die Schwester des britischen Ur-Königs Bran. Bei der Werbung des irischen Königs wurde durch einen übelgesinnten Bruder Bran's mit Namen Ev-Nissyen (= der Streitsüchtige) eine Missetat an den Pferden der Iren verübt. Er verstümmelte die Tiere, und das war für den Brautwerber und sein Volk eine schwere Beleidigung. Um diesen Frevel zu sühnen, leistete Bran nicht nur vollen Ersatz, sondern er schenkte Matholwch zusätzlich noch einen Wunderkessel, dessen Funktion er zwar kannte, über dessen Herkunft er aber nichts wußte. Zu seinem Erstaunen wußte aber der Ire über die Herkunft des Kessels Bescheid und er erzählte die folgende Geschichte:

„An einem Tag jagte ich in ‚Iwerddon' in Irland und kam zu einer Anhöhe am See, den man den See des Kessels nennt. Da sah ich aus dem See einen großen Mann mit roten Haaren aufsteigen, einen Kessel auf dem Rücken. Er war von übermäßigem Wuchse und dem Aussehen eines Übeltäters. Sein Weib aber, das hinter ihm kam, war von zweifacher Größe …"

Im Gespräch mit dem unheimlichen Paar erfuhr Matholwch, daß das Riesenweib schwanger sei und in sechs Wochen einen Krieger in voller Rüstung zur Welt bringen werde. Die beiden gehörten sichtlich einem Geschlecht der Vorzeit an, das auf dem Grunde des Sees oder unter der Erde hauste. Nun treten sie mitsamt dem Kessel geisterhaft aus der Tiefe ins Bewußtsein der Menschen, und das Weib, das durch seine Größe das Übergewicht hat, wird einen Krieger in voller Rüstung hervorbringen, also wahrscheinlich einen Vertreter der mit dem eigentlichen Keltentum einbrechenden Eisenzeit. Zunächst wird das Paar von Matholwch gastlich aufgenommen, doch schon nach einem Jahr werden diese Riesenmenschen aufsässig, und sie kränken die jetzigen Bewohner der irischen Erde, wo immer es möglich ist. Man wird sie nicht los. Da beschließt das Volk, ihnen ein großes Haus aus Eisen zu bauen, sie darin zu bewirten und betrunken zu machen und dann zu verbrennen. Aber der Versuch mißlingt, weil das Paar aus den glühenden Wänden ausbricht; nur ihre Kinder verbrennen. Danach nimmt der Mann den Kessel wieder auf den Rücken und watet mit seinem Weib durch die irische See nach England. Dort schenken sie den Kessel dem König Bran. Da Matholwch über die Funktion des Kessels nichts weiß, erklärt nun Bran welche Bewandtnis es mit diesem Wundergefäß hat: „Wird dir heute ein Mann erschlagen, wirf ihn hinein, und morgen wird er so unversehrt wie je sein, das eine ausgenommen, daß er ohne Sprache sein wird."

Die Iren reisen nun mit Branwen und dem Kessel zurück in ihre Heimat, doch sie vergessen die Schmach nicht, die ihren Pferden angetan worden war, und deshalb rächen sie sich an Branwen, indem sie sie zu erniedrigenden Diensten zwingen. Branwen gelingt es, ihrem Bruder eine Nachricht zu übermitteln, und daraufhin ziehen die Briten nach Irland, um Branwen zu rächen. Während dieses Krieges hat Bran sein Geschenk bitter zu bereuen, denn nun werfen jeden Abend die Iren ihre Toten in den Kessel und haben sie am nächsten Tag wieder als Kämpfer zur Verfügung. Da spricht der Urheber all des Übels, Ev-Nissyen, in seinem Herzen: „Wehe mir, daß durch meine Ursache die Männer der Insel der Starken (Britannien) also vernichtet werden. Schande über mich, wenn ich keine Rettung finde.“ Er legt sich mitten unter die Leichen der Iren und wird mit ihnen in den Kessel der Wiedergeburt geworfen.

„Sodann streckte er sich im Kessel mit solcher Gewalt, daß der Kessel in vier Stücke sprang und auch seine Brust zerbarst.”

Das war sein Opfer zur Wiedergutmachung des durch ihn verursachten Unrechtes.

Wir fassen zusammen, daß eines Tages ein Riesenkerl mit seinem doppelt so großen Weib aus den Tiefen eines Sees aufstieg und den Kessel ans Licht brachte. Er hatte das Aussehen eines Übeltäters, und die geharnischten Kinder dieses Paares zeigten an, daß von diesen Riesen der Vorzeit in der Welt der jetzigen Menschen nur Unfrieden und „Belästigungen“ zu erwarten waren. Man weiß nicht, wie die Beleidigungen aussahen, die sie den Menschen zufügten, es genügte, daß sie „anders“ waren. Schon ihre neugeborenen Kinder strotzten von Eisen. Die Menschen hatten Angst vor ihnen und fühlten sich durch ihre bloße Gegenwart verletzt, wenn nicht tödlich bedroht.

Die Riesen stellten den Kessel nicht mehr auf, um die Leute zu speisen. Offensichtlich hatte das Gefäß seine Funktion verändert, seit es durch den Raub in die Tiefe der Welt des Todes gelangt war. Ob das Riesenpaar dem Volk der Tuatha De Dannan angehörte, die seit der Ankunft der Goidelen in den Untergrund der steinzeitlichen Gräber getaucht waren, oder ob es gar zwei Vertreter der Fomore waren, die den Kessel wieder ans Licht brachten, bleibt ungewiß. Als Vertreter einer grauen Vorzeit wurden sie aber als „böse“, als „Übeltäter“ empfunden, und mit dem Kessel konnte zunächst niemand mehr etwas anfangen, weil er seine Funktion gewandelt hatte. Nach seiner Wanderung über das Meer schenkte nun das Riesenpaar dem sagenhaften Gott-König der Briten, Bran, den Kessel. Bran heißt in den Sagentexten der „Gesegnete“, und er galt als großer Weiser. Ihm vermittelten die Riesen der Vorzeit, indem sie ihm den Kessel schenkten, eine alte (oder neue) Weisheit, die mit dem Kessel verbunden war: Er vermochte die Toten in neuer Gestalt wieder ins Leben zu entlassen. Damit werden wir uns noch näher beschäftigen, wenn wir eines der Reliefs des Silberkessels von Gundestrup betrachten, welches den Vorgang darstellt.

Die Initiation des CuChulinn

CuChulinn ist der Held des nordirischen Sagenkreises um Ulster. Er fordert bereits mit 7 Jahren von seinem königlichen Oheim Conchobar die Waffen und den Streitwagen des Königs mitsamt dessen Wagenlenker. Sofort besteht er einen gefährlichen Kampf mit den drei Söhnen der „Nechta“, der Nymphe eines Quellflusses der Boyne, wo sich eines der wichtigsten Zentren der alten Gottheiten der Tuatha De Dannan befand. Den drei erschlagenen „Feinden“ schlägt der junge Krieger die Köpfe ab, um sie als Trophäe zu seinem Stamm zurückzubringen und daraufhin als vollgültiges Glied unter erwachsenen Männern anerkannt zu werden.

Mit den drei Köpfen der Erschlagenen am Wagen treten sie die Heimfahrt an. Unterwegs fängt der Knabe, der sich wie in einem Rausch befindet, zwei Hirsche lebendig und bindet sie an den Kriegswagen. Danach ergreift er noch acht Schwäne, die er mit Schnüren ebenfalls am Wagen festmacht. Über ihm rauschen die Schwingen der Vögel, neben ihm traben die

sicher nicht zahmen Hirsche und vor ihm die Pferde des Königs. Das verwirrt den Wagenlenker derartig, daß CuChulinn selber die Zügel übernehmen muß. Mit diesem Gefährt nähert sich der junge Krieger nun „in der Raserei des Kampfes" am hellen Morgen der Burg von Emuin Macha – und er kehrt der Burg zudem noch die linke Seite des Wagens zu, zum Zeichen seiner kriegerischen Absicht. Da schickt man ihm eilends fünfzig Frauen entgegen, an deren Spitze Mugein, Conchobars Gemahlin, einherschreitet. Sie entblößen die Brüste vor ihm. Da verbirgt der Knabe sein Gesicht in den Händen, und man kann ihn ergreifen. Man steckt ihn in drei Kübel mit kaltem Wasser. Das erste Gefäß zerspringt von seiner Hitze, im zweiten kocht das Wasser, im dritten kühlt er soweit ab, daß er zur Besinnung kommt. Mit diesen Tauchbädern war seine Initiation als Krieger abgeschlossen. Nachdem man ihn wieder menschenwürdig hergerichtet hat, sieht er, wie beschrieben wird, folgendermaßen aus:

> „In wunderbaren Farben leuchtete CuChulinns Antlitz. Purpurn glühten seine Wangen. Seine hellblonden Haarsträhnen hatten sie ihm gekämmt von einem Ohr zum anderen, und sie strahlten wie das Herbstlaub der Birke im Licht der Sonne. Einen Scheitel hatten sie ihm gekämmt, so sauber, als ob eine Kuh ihn geleckt hätte. Er trug ein Untergewand von Goldfäden und einen grünen Mantel, den eine Nadel von Silber zusammenhielt."

Von dieser Zeit an trug CuChulinn seine eigenen Waffen, und er besaß seinen eigenen Kampfwagen und einen eigenen Lenker.

Einen vergleichbaren Intiationsritus der Kwakiutl-Gesellschaft[3] schildert Mircea Eliade:

Zur Initiation der Kwakiutl-Gesellschaft der Kannibalen gehört eine kultische Raserei und deren Zähmung in einem Tauchbad. Die Erhitzung der „heiligen Wut" des Initianten muß gekühlt werden, damit er kein Unheil anrichtet. Wie bei den skandinavischen Berserkern äußert sich die Assimilation der heiligen Kraft „durch übermäßige Erhitzung des Körpers:

Extreme Hitze ist eines der charakteristischen Merkmale der Magier, Schamanen, Krieger und Mystiker". Die „Kampfeswut" und die „heilige Kraft" des Gegners nimmt der archaische Krieger in sich auf, indem er sich in die Wut gegen den „Feind" hineinsteigert, ihn tötet und sich dann entweder seines Hauptes bemächtigt, oder von seinem Blut trinkt. Diese „Raserei" muß rituell gelöst werden, indem sie in den Wasserkübeln (Kesseln) gekühlt wird.

Wir begegnen hier anschaulich der verwandelten Fähigkeit auch des keltischen Kessels: In ihm wird erstens Speise gekocht, um sie dem Menschen zuträglich zu machen. Zweitens verwandelt er blinde Triebwut in gehaltene menschliche Kraft und Schönheit; und drittens vermag der Kessel der Verwandlung den menschlichen Geist im Tod zu neuem Leben zu transzendieren.

Die drei Funktionen des keltischen Kessels spiegeln die Bewußtseinsentwicklung der keltischen Menschen in drei Phasen. Der Kessel hat deutlich weibliche Eigenschaften: In der Frühphase stillt er elementare Bedürfnisse, die dem Menschen zur Entfaltung seiner Lebenskraft verhelfen. Die nächste Stufe können wir besonders deutlich in dem beschriebenen Beispiel der Kwakiutl ablesen. Es ist das Bedürfnis, die voll entfaltete animalische Kraft, die außer Kontrolle geraten war, in einer kollektiven Kulthandlung nicht nur zu bändigen, sondern auch zu verwandeln. Und in den Bildern, die der keltische Mythos von CuChulinn uns vor Augen führt, sehen wir alsbald das Ergebnis der Verwandlung des tobenden Knaben in einen in lichten Farben erstrahlenden Jüngling. Aus der weiteren Lebensgeschichte des Sonnenhelden können wir erfahren, daß das Opfer im Kessel seine Früchte trug. Denn CuChulinn war nun nicht mehr fähig, nur im Dienste seines Volkes zu kämpfen und zu töten, sondern er erfuhr in der Auseinandersetzung mit seinem nächsten Freund seine persönliche Verantwortung an dessen Tod, die ihn in tiefes Leid und Verzweiflung stürzte. Bei der Betrachtung des 13. Reliefs am Silberkessel von Gundestrup werden wir uns mit der verwandelnden Funktion des Opferkessels noch näher beschäftigen.

Die Stiere Donn und Finn-Bennach

Im Kampf des nordirischen Helden CuChulinn spielen zwei Stiere eine wichtige Rolle, deren Vorgeschichte ebenfalls auf die verwandelnden Eigenschaften des Kessels hinweist. Die

Stiere Donn und Finn-Bennach spielen eine verborgene Schlüsselrolle in dem Epos von dem Rinderraub von Cooly, in welchem es um den Übergang von einer matriarchalen in eine patriarchale Form des Gemeinschaftslebens geht.

Es wird erzählt, wie zwei ursprünglich befreundete Hirten gegeneinander aufgehetzt wurden und sich, in nicht enden wollenden Kämpfen gegeneinander, in immer neue Ungeheuer verwandelten. Endlich trennten sie sich in der Gestalt von kleinen Würmern (Keimlingen). Der eine der Würmer fiel in einen Quellbehälter in Connacht, dem Machtbereich der Königin Maeve, der andere Wurm geriet in einen Quelltopf in Cooly/Ulster. Dort lebte der Sonnenheld CuChulinn, der Repräsentant eines neu erwachenden männlichen Bewußtseins im Norden Irlands, während hinter der Maeve von Connacht noch die restlichen vier Fünftel Irlands standen, die mutterrechtlich regiert wurden. Nun tranken zwei Kühe aus den Quellen in Connacht und in Ulster. Auf diese Weise wurden die beiden Stiere gezeugt, um welche ein erbitterter Kampf ausbrach. Denn sie wurden zu Repräsentanten zweier noch unvereinbarer Bewußtseinsstufen. Der Stier Donn (der Dunkle) wurde zum Staats-Stier von Ulster, der Stier Finn-Bennach (der Weißgehörnte) war der Staatsstier der Maeve in Connacht. Eines Tages aber wechselte Finn-Bennach aus der Herde der Königin Maeve in die Herde ihres Gemahles Aillil über. Das war für Maeve, der ihr Gemahl unterstellt war, eine schwere Kränkung. Sofort sah sie sich nach einem neuen Stier um und beschloß, den Donn aus Ulster zu entführen. Das hatte den Krieg zwischen Connacht und Ulster zur Folge. Aus dem Quelltopf (dem „Kessel") gehen also nicht nur stets wechselnde Gestalten hervor, sondern es findet eine deutliche „Befruchtung" in einem weiblichen Gefäß statt, aus welchem die Stiere hervorgehen. Der Stier der Maeve trägt ein weißsilbriges Mondgehörn, der andere trägt den Namen eines finsteren Todesdämons. Von dem Opfertod dieser beiden Stiere für die Befruchtung der Erde Irlands werden wir bei der Betrachtung des Gundestrup-Kessels Näheres hören.

Der Kessel der Ceridwen und der Barde Talyessin
(*Vom Gift und Heil des Wissens*)

Ceridwen galt ursprünglich als eine walisische Naturgöttin, die wegen ihrer Schönheit berühmt war. In der hier wiedergegebenen Sage aus der Sammlung der Mabinogion[4] ist sie die Gattin eines Fürsten Voel. Mit ihm hatte sie zwei wohlgeratene Kinder und einen überaus häßlichen Sohn mit Namen Avaggdu (spr. Afangdu). Um dessen unschönem Aussehen ein Gegengewicht zu schaffen, beschließt die Mutter, die hier als Hexe erscheint, in einem Kessel einen Zaubertrank der Inspiration und des Wissens zu brauen. Mit großer Kunst sucht sie – vergleichbar der griechischen Medea – alle zauberkräftigen Kräuter in der jeweils günstigsten Jahres- und Tageszeit zusammen. Damit das Feuer unter dem Kessel ständig brenne, stellt sie den blinden Morda an. Außerdem ist es wichtig, daß das Gebräu für die Zeit eines Jahres und eines Tages nicht nur gleichmäßig kocht, sondern auch umgerührt wird. Die Rolle des Umrührers übernimmt der Knabe Gwion Bach.

Niemand außer der Hexe weiß, daß nach Beendigung des Opus in der ganzen Brühe nur drei Tropfen des gewünschten Weisheitselixiers enthalten sein würden, alles andere ist Gift. Kurz vor Ablauf des Jahres spritzen dem Knaben Gwion drei Tropfen aus der Brühe an einen Finger. Um das heftige Brennen zu lindern, steckt er den Finger in den Mund – wie Finn, der als Knabe den Lachs der Weisheit für seinen Lehrer zu braten hatte. Beide erlangten dadurch eine Weisheit, die ihnen von den Auftraggebern nicht zugedacht war.

Für Gwion Bach bedeutet die neu gewonnene Hellsichtigkeit, daß es nun um Leben und Tod geht, und daß er schleunigst die Flucht ergreifen muß, denn er begreift, daß nun Ceridwen ihn mit allen Mitteln zu verderben suchen würde, weil er die für ihren Sohn bestimmte Kostbarkeit erlangt hatte. Der Kessel der Ceridwen zerbirst. Die Brühe läuft aus und verseucht den Bach, aus welchem die Pferde eines gewissen Gwyddno trinken; die Pferde sterben an dem Gift. Ceridwen aber verfolgt den flüchtigen Gwion, der sich nacheinander in einen Hasen, einen Fisch, einen Vogel und schließlich in ein Weizenkorn verwandelt, das sich in einem Kornhaufen versteckt. Aber die Hexe, die sich in eine schwarze Henne verwandelt hatte, frißt es – und sie wird schwanger. Als das Kind geboren ist, steckt sie es in einen Ledersack, bindet ihn zu und wirft ihn ins Wasser. Dort treibt der Sack drei Tage umher. Das Kind wird am 29. April geboren. Am 1. Mai, dem Tag von Beltene, bleibt der Sack mit dem Neugeborenen in der Fischreuse des Gwyddno hängen. Dieser Gwyddno nun hat einen Sohn, einen Pechvogel, dem nichts gelingt. Deshalb beschließt der Vater, dem Jüngling den Lachsfang des 1. Mai zu überlassen, weil an diesem Tag die Beute von jeher besonders reich zu sein pflegte. Doch Elphin, der Glücklose, fängt an der Reuse keinen einzigen Fisch. Er zieht nur einen alten Ledersack aus dem Wasser und öffnet ihn. Da werden Kopf und Stirne des Kindes sichtbar, und von der Stirne geht ein strahlendes Licht aus. Da ruft Elphin freudig aus: „Seht, was für eine schöne Stirne er hat! Er soll Talyessin heißen.“

Der Knabe Gwion (der Weiß-Leuchtende) war dazu ausersehen, für den häßlichen Sohn der alten Muttergöttin, der Naturgöttin Ceridwen, einen Weisheitstrunk zu rühren, der diesem Sohn offenbar etwas von dem Wissen vermitteln sollte, das aus vielen Gaben der Natur zusammengerührt war. Aber das Konzentrat dieses Naturwissens war einem Anderen zugedacht. Denn über die Hand, die unbewußt und frei von Habgier danach greift, gelangen die drei Weisheitstropfen in den Mund eines „tumben Toren“, der dadurch zum Träger eines neuen Bewußtseins wird. Das Naturkind der alten Göttin geht leer aus, während der junge Gwion über den Mund (der sprechen kann!) begreift, was die Verwandlung im Kessel zu bedeuten haben kann. Das Erste, was er erkennt, ist die notwendige Distanz von allem, was in dem Kessel brodelt. Er ergreift die Flucht in wahrer Todesangst. Denn er spürt wohl, daß er alle Tode und alle Neugeburten nun selber erleiden müßte, die in dem Inhalt des Kessels vorbereitet wurden, den er selber – zunächst noch unwissend – ein Jahr lang umzurühren hatte.

Der neue Inhalt des Weisheitskessels spendet weder nährenden Haferbrei, noch die tröstliche Zuversicht auf eine problemlose Wandlung durch den Tod zu neuem Leben. Seine Medizin der Weisheit war aus einer Flut von Gift destilliert. Die Tropfen der Erkenntnis jagten dem jungen Gwion eine panische Angst ein. – Und wenn wir heute als kritische Leser etwa die „Rote Liste“ unserer Arzneimittel oder die Wirkungsweise unserer Hilfsmittel im Gartenbau studieren, so kann uns ein ähnlicher Schrecken überkommen angesichts von so viel tödlichem Gift, in das die wenigen Tropfen des Heilmittels eingebunden sind!

Bei Gwion geht es noch um mehr, als um solche realen Einsichten. Der Schrecken über die Gefahren, die das „Wissen“ nach dem Genuß der Frucht vom Baum der Erkenntnis für uns mit sich bringt, fährt ihm buchstäblich in die Glieder. Er rennt um sein Leben, so schnell wie ein Hase, wie ein Fisch im Wasser oder wie ein Vogel in der Luft – stets eingeholt von der Furie, die hinter ihm herjagt und ihm das Unrechtmäßige seines Wissens in die Beine treibt.

Was hat den verängstigten Gwion wohl veranlaßt, sich zuletzt als Weizenkorn zwischen anderen Körnern zu verbergen? Es war sicher nicht nur die Hoffnung, in dieser unpersönlichen Gestalt und in dem undifferenzierten Haufen nicht aufzufallen. Vielmehr mag es ein vorbewußtes Wissen jedes Saatkorns gewesen sein, das in die Erde fällt und dort stirbt und ruht, um nach Beendigung der winterlichen Nacht erneut zu sprießen. Und so gelangte Gwion in den Leib der häßlichen alten Ceridwen, jener abstoßenden Alten, die durch alle keltischen Sagen geistert und die stets die Herrschaft des Landes, der Mutter Erde bedeutet, sofern sich ein junger Prinz dazu überwindet, sich mit ihr einzulassen. Danach aber wird die Alte erneut zur *Virgo partitura*, der Jungfrau, die gebären wird, und die in Chartres bis zur französischen Revolution verehrt wurde. Als Gwion zum zweiten Mal geboren wurde, ging

Ceridwen nicht freundlich mit ihm um. Zwar tötete sie ihn nicht, aber sie steckte ihn sofort in einen neuen „Uterus" und warf ihn ins Wasser, wo er ohne weiteres hätte ertrinken können. Der Knabe sollte noch nicht zur Person werden, er mußte noch einmal ins Element der kollektiven Unbewußtheit untertauchen, ehe er zum dritten Mal neu geboren werden konnte. Drei Tage entschwindet in jedem Mondmonat der Mond unserem Blick. Dahinter kann sich ebenso ein Mondmythos verbergen, wie die Nachtmeerfahrt eines Sonnenkindes, des Trägers eines neuen Bewußtseins. Im christlichen Glaubensbekenntnis kommt etwas Vergleichbares zum Ausdruck in dem Satz: „Niedergefahren zur Hölle, am dritten Tage auferstanden von den Toten". Eine Vielzahl von Initiationsriten hat ebenfalls das Sterben und die Neugeburt in eine andere Seinsebene zum Inhalt. Auch der Christliche Taufritus, bei welchem der Täufling ganz untergetaucht wurde, gehört in diesen Zusammenhang. Und nicht nur der Kessel der Ceridwen, auch der Taufkessel ist ein Opfergefäß, in welchem symbolisch der „Alte Adam" stirbt, damit der neue, der verwandelte Mensch geboren werden kann.

Die Neugeburt des kleinen Gwion wird uns deutlich geschildert in der Beschreibung, wie sein Kopf aus dem Lederbeutel auftaucht. Seine „leuchtende Stirn" deutet sogleich auf besondere geistige Fähigkeiten des Kindes hin, das nun Talyessin genannt wird. Seine erste Geburt war die des natürlichen Menschen. Der zweiten Geburt waren Todesängste vorausgegangen, die dem Knaben bewußt machten, daß er seinem Schicksal nicht entrinnen konnte. Aber in ihm „träumte" bereits das Vorwissen des Saatkorns, das zu neuem Leben erwachen wird. Und nachdem die Natur-Mutter ihn zur dritten Geburt ins Wasser geworfen hatte, taucht er mit seiner leuchtenden Stirne auf, die dem verzweifelten Elphin neuen Lebensmut einflößt. Der erste Mai, an dem Talyessin zum dritten Mal geboren wird, trug bei den Kelten den Namen Beltaine, das Fest des wieder aufgehenden Lichtes. Nach allem, was man über dieses Fest weiß, war Beltaine das Fest der Auferstehung des Lebens und als solches dem christlichen Osterfest vergleichbar. – Der christlichen Auferstehung geht der Opfertod voraus, und auch Talyessin erfuhr bei seiner letzten „Opferung" durch Ceridwen, wie die drei Weisheitstropfen von dem tödlichen Gift zu unterscheiden sind. Was ihn zu dieser Unterscheidung befähigte, war keine rein rationale Erkenntnis, sondern die Erfahrung, daß nur ein tief eingewurzelter Instinkt das „Wissen" zur „Weisheit" zu ergänzen vermag.

Mir scheint, daß wir heute erneut an der Stelle stehen, an welcher einst der Knabe Gwion-Bach so tödlich erschrak und der unglückliche Elphin verzweifelt resignieren wollte. Denn wer wollte leugnen, daß uns durch die Forschungsarbeit der Chemiker und Physiker in den letzten vierzig bis fünfzig Jahren neue Erkenntnisse zugänglich wurden, deren Folgen uns aus dem Ruder zu laufen drohen. Überall rauchen die Schlote der Chemiewerke und Atommeiler. Man kann erstaunlich viel „machen". Wir sind nicht weit entfernt vom Retortenbaby und von der Lenkung fraglich-wünschenswerter Eigenschaften des Menschen durch die Gentechnik.

Überall brodeln die Giftkessel der modernen Alchemie, und immer mehr Menschen lernen eine heilsame Angst vor dem Preis der drei Weisheits-Tropfen. Die Giftbrühe läuft nach allen Seiten über. Sie vergiftet unsere Gewässer und unsere Erde. Aus der Luft kommen verderbliche Strahlen auf uns hernieder, welche manche vorerst noch wegleugnen können, weil sie nur mit Spezialinstrumenten registrierbar sind. Tausende rühren noch sorglos in dem Todeskessel unserer technischen Errungenschaften. Das Gift schwappt aus den Waschmaschinen, spritzt aus Spraydosen, qualmt aus Autos und anderen Motoren und aus Industrieschloten. *Wenn* aber jemand von den drei Tropfen wirklicher Erkenntnis getroffen wurde, dann kann ihn die nackte Angst packen. Viele versuchen noch zu fliehen oder den Kopf in den Sand zu stecken, doch das hilft nichts mehr. Das alte Bewußtsein von der „gütigen Mutter Natur, die alles spendet, aushält und wieder gutmacht" muß sterben. Ihre Kraft ist erschöpft, weil sie mißhandelt und verachtet wurde. Was uns bleibt, sind nur *bewußte* Verzichte auf manche Bequemlichkeiten und auf manchen Komfort, von dem es fragwürdig ist, wie glücklich er uns macht.

Der keltische Talyessin mit der leuchtenden Stirn hat mit den drei Tropfen aus dem Giftkessel die Erfahrung der ganzen bisherigen Menschheitsentwicklung in sich aufgenommen. Nach seiner Aussage war er von Anbeginn der Welt dabei, hat er alle Himmel und Höllen des Menschenmöglichen erlebt. Er verharmlost kein Gift, er weiß um die tödlichen Fähigkeiten des Homo Sapiens. Er weiß auch, daß der Kessel bersten und die Welt vergiften wird. Er rät niemandem, tatenlos zuzusehen, aber er gibt ein Beispiel, indem er seine eigene Existenz einsetzt und aufzugeben bereit ist. Das heißt für uns alle, daß wir uns fragen sollten, was an unseren Errungenschaften wirklich das Leben lohnt, oder was wir opfern müssen, um zu überleben. Talyessin ist kein Held, wie etwa CuChulinn, er leidet Todesängste. Aber nach seiner „dritten" Geburt kann er, der die schwarze Todesmutter transzendierte, dem verzagten Elphin auch überzeugend sagen: Fürchte dich nicht!

Talyessin – so erfahren wir später – war im Umkreis der Gralssage ein Meisterschüler des bretonischen Zauberers Merlin, mit dem er weitgehend identifiziert wurde, und er ist im Dickicht eines großen Waldes verschwunden.

Die Erinnerung an den keltischen Wunder- und Opferkessel wurde schließlich in eine glückselige Anderswelt verlagert, nachdem der Kessel des Dagda in die Unterwelt versunken, der Kessel der Wiedergeburt zersprengt und der Kessel einer neuen Erkenntnis geborsten und ausgelaufen war. Der Inhalt der drei Weisheitstropfen aus dem Kessel der Ceridwen wurde nicht verstanden, aber sie gingen nicht verloren. Denn merkwürdigerweise tauchte das Wundergefäß Jahrhunderte später wieder auf in der mittelalterlichen Dichtung von den Rittern der Tafelrunde, die sich um den König Arthur versammelt hatten. Die zentrale Legende dieses Sagenkreises ist der Zyklus vom Heiligen Gral, der vor allem in der Dichtung des Wolfram von Eschenbach auf uns gekommen ist.

In der Gralssage treffen sich die christliche Legende, wonach der Gral das Gefäß war, in welchem Joseph von Arimathia das Opferblut des Gekreuzigten auffing, und der keltische Mythos.[5] Und auch in der Gralssage verschwindet die Schale wieder von der Erde, oder sie ist verborgen auf dem Mont Salwatsch, dem Berg des Heils, der mitten in einem See im tiefen Wald versteckt liegt.

Zuvor aber wurde Parzival zum König des Gral berufen, der sich mit allen Rittern der Tafelrunde auf die Suche nach der Kostbarkeit begeben hatte. Alle wollten das große helle Licht schauen, das von dem Gral ausging, das aber fast niemand ertragen konnte. Parzival wurde berufen, nachdem er allen Ehrgeiz aufgegeben und alle Hoffnung hatte fahren lassen, daß er den Gral aus eigener Kraft werde finden können. Die verborgene Kostbarkeit war nicht im „Draußen" der Welt zu finden, sondern nur in der Verborgenheit zwischen „Wasser und Wald", und im Westen der untergehenden Sonne, im Inneren der eigenen Seele. Endlich trug den verzagten Parzival sein Pferd, dem er die Zügel ließ, zu dem weisen alten Einsiedler Trevrizent. Und als ihn dann am Hofe des Arthus die Gralsbotin berief, erzählte Parzival den anwesenden Rittern der Tafelrunde, was ihm einst der Einsiedler über den Gral gesagt hatte:

> *„Daz den gral zu keinen ziten / niemen möht erstrîten, / wan der von gôte ist dar benant. / Kein strît möht in erwerben / Vil liut liez dô verderben / nâch dem grâle gewerbes list: / dâvon er noch verborgen ist".*

Niemand kann den Gral „erwerben", weder durch Höchstleistungen, noch durch Geld. Er liegt tief verborgen in uns selber, und der Weg dorthin führt über innere Einkehr und Stille. Manche Menschen, die auf vieles „Machbare" in unserer Welt verzichten lernen, befinden sich auch heute auf der Suche nach dem ersehnten „Gral".

Nachdem wir uns von den Sagen im Umkreis des keltischen Kessels verabschiedet haben, die alle davon erzählen, wie das mythische Gefäß zerbrochen wurde oder in einer Anderswelt versunken ist, wenden wir uns nun einem konkreten Fund der Archäologen zu. Wir beschäftigen uns im folgenden mit den Reliefs eines keltischen Opferkessels, der aus einem Moor in Jütland geborgen wurde. Zu diesen in Silber getriebenen Bildern gibt es keinen Text. Wir müssen uns viel Zeit nehmen, um sie genau zu betrachten. Dabei werden uns einzelne Mythen aus den bisher über den Kessel mitgeteilten Texten einfallen. Die Bilder selber aber lassen auch den Vergleich mit Kulturkreisen zu, von denen die Kelten umgeben waren. Durch diese Vergleiche fällt neues Licht auf einzelne Szenen der Reliefbilder.

Wenn wir uns in diese, auf uns heute fremdartig-archaisch wirkenden Bilder vertiefen, wird uns auch manches aufgehen, was den Sinngehalt des keltischen Opfers deutlich macht. Es ist ein durch die Götter der keltischen Religion angeführter Weg, auf welchem sich der Betrachter schrittweise dem Zentrum nähert. Die am Boden des Kessels verborgene Rundplatte zeigt ein Stieropfer. Dieses Opfer ist nicht als ein Schlachtopfer für die Götter zu verstehen, sondern als die Opferung des Weltenstieres eines Aions, und dessen angedeutete Verwandlung zu neuen Lebensformen.

Aus dem Sagenbereich Irlands wird das Selbst-Opfer der beiden Staats-Stiere von Connacht und Cooly herangezogen, deren Blut sich befruchtend über die Irische Erde ergießt. Das ist ein Thema, das uns schon in früheren Kapiteln durch mehrere Varianten beschäftigt hat. Und deshalb steht die Arbeit über den Gundestrup-Kessel an einer zentralen Stelle dieses Buches.

Die Geschichte des Fundes

Der Silberkessel von Gundestrup, der in Nordjütland in dem Moor Raevemose bei Gundestrup gefunden wurde, gibt Archäologen, Keltologen und Kulturhistorikern bis heute zum Teil noch unlösbare Rätsel auf. So mag es vermessen erscheinen, den zahlreichen, recht schwankenden Darstellungen dieser Reliefs noch einen weiteren Versuch hinzuzufügen. Wenn ich dies dennoch wage, so weniger von einem der dort angesprochenen Blickwinkel her, sondern im Zusammenhang mit den zahlreichen Mythen, die um den Kessel im gesamtkeltischen Raum, besonders aber in Irland und Wales zu finden sind. Zunächst soll die Geschichte des Fundes wiedergegeben werden, die der damalige Direktor des Dänischen Nationalmuseums in Kopenhagen, Sophus Müller, aufgeschrieben hat[6]:

„Im Monat Mai 1891, am 28. Nachmittags, stach der Knecht Jens Sorensen in dem Moor seines Meisters, des Bauern Christian Mogensen, Torf. Der Knecht stand auf dem Boden des Moorgrabens, der 2 bis $2^1/_2$ Meter tief war, und schnitt mit einem Spaten senkrechte, parallele Einschnitte in die feste Moorwand. Er löste danach die Viereckigen Torfstücke durch waagrechte Stiche mit dem Spaten. – Da bemerkte er, daß der Spaten zweimal auf etwas Hartes stieß. Sogleich ging er zu den anderen Arbeitern und sagte, daß er wohl einen Kessel voll Gold gefunden habe. Da sich in der Moorwand der Rand eines Metallgefäßes zeigte, stach er zunächst vorsichtig gerade darüber einige große Torfklötze heraus, die in den Graben herunter fielen. Dadurch zeigte sich nach und nach der Unterteil eines großen Silbergefäßes. In diesem lagen vier längere und fünf kürzere, viereckige Silberplatten, nebst einer runden Platte aus demselben Metall. Das Gefäß stand auf seinem Boden, ganz horizontal, ohne von etwas anderem gestützt oder gedeckt zu sein, als von der festen Torfmasse umher.

Ebenso lag der Torf fest um und zwischen den Platten. Oben darüber war die Torf-Masse genau so beschaffen, wie sonst in dem Moor derselben Tiefe, und keine Spur war davon zu sehen, daß die Schicht durch graben zerstört gewesen wäre. Am selben Abend dieses Tages ging ein nahe wohnender Kleinbauer, der von dem Fund gehört hatte, zu der Stelle und sah Metall in einem großen Torfklotz, der auf dem Boden des Grabens lag, eben dort, wo das Gefäß gestanden hatte. Er fand nun hier eine lange und zwei kürzere viereckige Platten und zwei Stücke vom Rand des Gefäßes, alles aus Silber. Diese Stücke hatten wahrscheinlich zuoberst in dem Gefäß gelegen und waren – ohne daß es bemerkt worden wäre – mit den größeren Torfklötzen über dem Gefäß herausgestochen worden.

Einige Tage später wurde die Stelle im Auftrag des Nationalmuseums untersucht. Wieder wurde gegraben, jedoch ohne daß etwas zu finden gewesen wäre. Darum muß als sicher angenommen werden, daß der Fund vollständig zutage gebracht worden ist: Das Herausnehmen ging ruhig und bedachtsam vor sich; die Torfmasse, in welcher der Kessel stand, war – wie schon erwähnt – fest und ziemlich trocken. Man würde sicher beim wiederholten Graben und Suchen solche Stücke gefunden haben, die möglicherweise auf den Boden des Torfgrabens hätten fallen können, da dieser wohl weich, aber weder schlammig noch wasserbedeckt war. … Die Oberfläche war durch und durch fest und mit Heidekraut und Gras bewachsen ... Der Kessel stand 60–90 cm unter der Oberfläche …"

Untersuchungen des Moorbodens in unmittelbarer Nachbarschaft des Kessel-Fundes deuten darauf hin, daß das Moor schon beim Hineinsetzen der Silberschale den Charakter eines allgemeinen Heidemoores hatte mit einer festen und mächtigen Torf- Schicht, die tragen konnte.

„Der Kessel war in seine Bestandteile zerlegt, die ursprünglich zusammengelötet waren, und er zeigte Spuren von Beschädigung durch Gewalteinwirkung, 5 lange Innenplatten und 7 kurze Außenplatten, sowie eine Bodenplatte, bedeckt mit sorgfältig gearbeiteten Reliefs, konnten geborgen werden. Eine Außenplatte fehlt. Es würde nicht schwierig sein, all die hier erwähnten Befunde in Übereinstimmung mit der oben angedeuteten Auffassung des Fundes im Ganzen zu erklären (nämlich, daß das Gefäß im Moor einfach abgestellt, nicht hingeworfen wurde) … Der Boden des Kessels, der ungefähr 69 cm breit und 41 cm tief ist, hat am Oberrand einen Umfang von 216 cm … Sein Gewicht beträgt 8, 885 kg."

Soweit der Fundbericht von Sophus Müller (zitiert nach Rudolf Grosse)

Der Kessel wurde – irgendwann – hier abgestellt, wie es im keltischen und germanischen Opferbrauch für die Götter üblich war. Solche Opfergaben wurden in Quelltöpfen, in Seen oder in heiligen Hainen oder im Moor deponiert oder an Bäumen aufgehängt, und niemand rührte sie dort an.

Die Datierung des Kessels bereitete ursprünglich Schwierigkeiten, sie schwankte zwischen 300 vor und 50 nach Chr..

Auch die Herkunft war ungewiß. Aber eine erst kürzlich (1991) erschienene, außerordentlich gründliche Untersuchung von Rolf Hachmann bringt endlich Klarheit in die Frage nach Land und Zeit der Entstehung. Diese Arbeit erschien unter dem Titel „Gundestrup-Studien" in dem Bericht der Römisch-Germanischen Kommission des Deutschen Archäologischen Institutes in Frankfurt/Main 1991.

Hachmann hat durch vergleichende archäologische, kultur- und kunstgeschichtliche Vergleiche bewiesen, daß die Entstehungszeit des Kessels nicht vor Cäsars Gallischem Krieg liegen kann. Das heißt, daß er in der Mitte des letzten vorchristlichen Jahrhunderts hergestellt wurde. Vor dieser Zeit gab es in Gallien noch kein Silber, welches damals kostbarer war als Gold. Aber es gab im gesamtkeltischen Raum schon eine große Erfahrung und Fertigkeit in der Treibkunst mit Bronze und Eisen, die dann dem Umgang mit dem neuen Material zugute kam. Es gab ebenfalls erst seit dieser Zeit die Kunst des Lötens mit Zinn, und des Umgangs mit Glaspaste, aus der die Augen der Gestalten auf den Reliefs eingelegt waren.

Der Kessel ist dreiwandig:[7] Er besitzt 5 Innenplatten und ursprünglich 8 Außenplatten, die bei der ersten Montage mit dem Boden des Kernkessels verlötet waren. Ein versilberter Eisenring war von oben über die Platten der Außen- und Innenwand geschoben und gab dem Kessel seine Festigkeit. Zwischen den Platten und der Kesselwand bestand bei dieser ersten Montage ein Hohlraum. – Daß die Reliefs in Gallien hergestellt wurden, und zwar in dem Gebiet zwischen Seine und Loire, konnte aus der Kleidung der dargestellten Krieger geschlossen werden.

Wie lange der Kessel vor seinem Transport nach Dänemark benutzt wurde, und warum er dorthin gelangte, ist unbekannt. Man kann sich vorstellen, daß gallische Druiden ihn auf der Flucht vor den Römern in zerlegtem Zustand mitnahmen; ebenso möglich ist ein Gastgeschenk an einen jütländischen Fürsten oder ein Raub. Sicher ist nur, daß die Reliefplatten ein zweites Mal zusammengeschweißt wurden. Außerdem wurden in dieser Zeit in den oberen Rand zwei Löcher gebohrt und die beiden Reliefschichten durch Nietstifte verbunden. Dies ist der Untersuchungsarbeit von Rolf Hachmann zu entnehmen.

Der Kessel wurde dann ein zweites Mal zerlegt, bevor man ihn dem Moor übergab. Rudolf Grosse hat 1963 eine Arbeit aus anthroposophischer Sicht vorgelegt, die 1983 mit vorzüglichen Foto-Reproduktionen in zweiter Auflage erschien[8]. Dem Inhalt seiner Deutungen kann ich mich aber nur sehr begrenzt anschließen. Jean Jaques Hatt[9] versuchte, die Darstellungen mit einem von ihm (re-)konstruierten „Rigani-Mythos" in Einklang zu bringen, über den es aber keine Niederschrift gibt. Die Götter der Außenplatten benannte er nach den gallischen Haupt-Göttern Taranis (der Himmelsgott), Teutates (der Volksführer) und Esus-Cernunnos (Götter im Grenzbereich zur Anderswelt), sowie den drei Matrones. Das hat viel für sich und läßt sich nach den Attributen der Götter belegen. Wer die vierte, fehlende Göttin war, bleibt offen.

Die Bodenplatte zeigt ein Stier-Opfer. Die Römer versuchten, die Gallischen Götter mit ihren Hauptgöttern zu vergleichen, worüber aber die Ansichten von Autor zu Autor schwanken, weshalb ich mich darauf nicht einlassen möchte. Da der Kessel in gallischem Gebiet entstanden ist, benutze ich weitgehend die von Hatt vorgeschlagenen Namen, verwende aber da, wo eine Erklärung nur durch die aus Irland und Wales überlieferten Mythen möglich ist, auch die Namen der inselkeltischen Gottheiten. Auf genaue Benennungen muß ich oft verzichten, weil sie allzu ungewiß sind.

Wenn wir nun nach der Deutung der Darstellungen auf den einzelnen Platten fragen, dann steht zunächst nur eines fest, nämlich, daß drei ganz klare Opferhandlungen zu erkennen sind, die zwei Tieropfer und ein Menschenopfer zeigen. Demnach ist auf eine Funktion des Kessels im kultischen Bereich zu schließen, und darauf, daß die 7 Außenplatten und 3 der Innenplatten ebenfalls irgend etwas mit der kultischen Bestimmung des Kessels zu tun haben. – Die ursprüngliche

Reihenfolge der Platten ist ungewiß. Die Numerierung des Kopenhagener Museums folgt der vor 100 Jahren vorhandenen Anzahl von getriebenen Silberplatten, die im Besitz der Sammlung waren. Hachmann hat eine Numerierung von 1–7 außen, und 9–13 innen vorgenommen. Weil man die wirkliche Reihenfolge nicht mehr feststellen kann, habe ich nun eine eigene Reihenfolge hergestellt, die mir sinnvoll erschien, die aber richtig oder falsch sein kann. Deshalb füge ich die Hachmann'schen Nummern in Klammern bei.

Die acht Außenplatten

An den Außenplatten ist ein genaues Gleichgewicht zwischen den Darstellungen männlicher und weiblicher Gottheiten zu beobachten, denn daß die verlorene vierte Platte eine Göttin darstellte, gilt als gewiß.

Die erste Platte (bei Hachmann = H. Nr. 6), die ich herausgreife, zeigt einen männlichen Gott. Wir sehen, wie auf allen Götterdarstellungen des äußeren Bezirkes, nur den Kopf und die Schulterpartie.

Der Kopf ist im Bereich des Keltischen Kopfkultes das Wichtigste, alles andere wird nur angedeutet. Der Gott blickt streng, und er hebt mit seinen beiden Händen zwei männliche Gestalten empor, die mit triumphierender Geste und freudigem Gesichtsausdruck je einen Eber hochhalten, den sie offenbar dem Gott darbringen. Der Gott, dessen Bildnis (mit Ausnahme der früher eingelegten Augen) ganz unbeschädigt ist, hat Stirnlocken, die sich nach innen krümmen, und einen Kinnbart, der sorgfältig gezwirbelt angeordnet und spiralig nach außen V-förmig gedreht ist. Diese Behandlung der Haare, vor allem des Bartes, wurde von antiken Autoren an den Kelten oft beobachtet und geschildert:

Man fixierte diese Frisuren mit Kalkbrühe, die dann erstarrte. J. J. Hatt zieht aus der Frisur dieses Gottes den Schluß, daß es sich um Teutates handeln müsse, weil sein Bart die Ge-

stalt von Widderhörnern habe. Das Symbol des Teutates war der Widder, vor allem die widderköpfige Schlange.

Teutates, der „Touto-tatis", gilt als der Vater des Stammes. Er führt seinen Stamm im Kriege an, ist aber gleichzeitig ein Gott des zukünftigen Wissens, und damit eines Grades druidischer Weisheit. Ein Kernstück dieser Weisheit war die Gewißheit der Unsterblichkeit der menschlichen Seele.

Die Opfer für Teutates wurden kopfüber in großen Kesseln ertränkt. Ein Relief auf einer der Innenplatten mitsamt dem zugehörigen mythischen Text wird uns noch beschäftigen (Abb. 16, Platte Nr. 13).

Betrachten wir zunächst das Bild als Ganzes, so sehen wir unter den beiden die Eber tragenden Männern auf der linken Seite einen grimmig blickenden, springenden Hund, und rechts ein galoppierendes Flügelpferd. Diese beiden Tiere und die Eber bedürfen einer näheren Erklärung.

Der Eber ist im keltischen Bereich ein Symbol für die männliche Tugend der Tapferkeit und Kampfeskraft. Als

„Kriegsbanner" trägt ihn der königliche Anführer seiner Mannschaft voran, z. B. als plastisches Bild auf einem Schaft oder als Helmzier. Im germanischen Bereich gibt es sogar einen goldenen Sonneneber (Gullinbursti), der strahlend über den Tageshimmel rennt. Aber der Eber hat auch furchtbare, zerstörerische Kräfte. Das erfahren wir nicht nur in der Finnsage, in welcher der Eber vom Zauberberg Benbulban den tüchtigsten Anführer der Fianna umbringt. Noch drastischer werden die Untaten des Ebers Twrch Trwyth geschildert, der verwüstend durch die keltischen Lande zieht, und den, unter Anführung des Königs Arthur, alle Inselkelten jagten – bis sie diesem tobenden Unhold „zwischen seinen Ohren" den „Kamm und Rasierer" entrissen haben, mit deren Hilfe ein alter Riese (oder ein alt gewordener Gott) sich vor seinem Opfertod „trimmen", also menschenwürdig zivilisiert frisieren kann. Die Rasiermesser wurden vor der Eisenzeit aus Horn angefertigt. Der „Eber" der Sage ist ein Phantasietier, sein Horn zwischen den Ohren erinnert an ein Einhorn. Der Eber verkörpert höchste männliche Tugend, sogar Sonnen- (Geistes-)Tugend, gepaart mit männlicher Zerstörungswut, die auch den Tod bringen kann. Und dieses Tier wird demjenigen Gott dargebracht, der durch seine geordnete Haartracht andeutet, daß er dem Mann zur Bändigung seiner ungebändigten Kräfte ins Menschliche verhelfen kann.

Der Hund, der mit den gefletschten Zähnen nach links springt, gilt als Wächter am Eingang zur Unterwelt. Das Flügelpferd stammt aus der griechischen Mythologie. Es verkörpert eine vergeistigte „Pferdekraft" und es wird uns bei der Betrachtung der siebten Platte noch näher beschäftigen.

*Die zweite Platte st*ellt eine Göttin dar, die ich als Rhiannon identifiziere, die Herrin über Leben und Tod (H. = Nr. 10).

Als „Rigantona" hat sie die Bedeutung „Die große, göttliche Königin". Wenn wir ihr Bild betrachten, so spricht uns ihre Würde sofort an. Ihr Halsring (der Torques), den alle

Götter und königlichen Menschen am Hals tragen, ist unter dem unbeirrt geradeaus blickenden Gesicht deutlich erkennbar. Das Haupt ist wieder das Wesentliche, alles andere ist nur ein fast abstrakt angedeuteter Anhang, wie die Arme und Hände, oder die weiblichen Brüste. Die Haartracht ist auch bei dieser Göttin wichtig. Eine Dienerin ist damit beschäftigt, zunächst 7 Strähnen aus den gescheitelten Stirnhaaren zu drehen, diese dann in 4 und schließlich in 3 Zöpfen zu flechten (3 + 4 = 7).

Die beiden Vögel, die an ihren beiden Seiten schweben, haben an ihren Flügeln ebenfalls je 7 Schwungfedern. In ihrem linken Arm liegt ein Mann, dessen Kopf nach unten hängt, während die Beine schräg nach oben um die Brust der Göttin angeordnet sind, als seien sie noch im Gehen begriffen. Der andere Arm weist, wie Hilfe suchend, nach oben. Unter ihm, aber ihre Brust nicht berührend, liegt ein Hund, der, entsprechend der Gestik des Menschen, alle Viere nach oben streckt.

Auf der erhobenen rechten Hand der Göttin sitzt ein dritter Vogel. Er ist nach links orientiert.

Dort springt ein weiterer Hund (ein Wolf?) mit eingezogenem Schwanz und aufgerissenem Rachen nach oben. Er scheint mit aller Anstrengung des links oben schwebenden Vogels habhaft werden zu wollen.

Schließlich sitzt auf oder neben der rechten Schulter der Göttin noch eine zweite weibliche Gestalt. Ihr Blick ist gesenkt, ihr Gesicht und ihre Körperhaltung vermitteln den Eindruck großer innerer Sammlung. Ihre linke Hand ruht in Höhe ihres Zwerchfells. Von dieser Mitte aus sammeln sich Meditierende in der Atmung. Der rechte Arm scheint leicht aufgestützt zu sein, um die streng aufrechte Körperhaltung zu verstärken. Ihre Haare sind wie die der Göttin geordnet, auch die Augenbrauen vermitteln, wie bei der Göttin, den Eindruck von Vogelschwingen.

Rhiannon ist die „Weiße Göttin", eine Herrscherin über die Anderswelt. Als „Weiße Dame" nimmt sie in vielen Sagen Kontakt mit den Männern der diesseitigen Welt auf, und sie begibt sich mit ihnen immer wieder in reale Verbindungen als Gemahlin einzelner Herrscher, die sie aber meistens nicht erkennen. Ihre irdischen Kinder, die Menschen, sind stets bedroht von der Klaue eines Todesdämons, der ihre in der Beltaine-Nacht (der Nacht der Wiedergeburt allen Lebens am 1. Mai) geborenen Söhne zu entführen trachtet. So ging es z. B. mit ihrem Sohn Pryderi, der aber durch das mutige Eingreifen eines „Wächters hinter den Wäldern" (Teyron) gerettet wird, welcher einer Unholdin ihren Arm abschlug, als sie das Kind rauben wollte. Wenn wir dieses Relief als Ganzes betrachten, so können wir dort nicht nur die Göttin erblicken, deren weibliche Macht „geordnet", „gestrählt" ist (wie im vorigen Bild auch die männliche Kraft des Teutates). Sie bringt den Menschen eine Lebensordnung, in der Leben *und* Tod inbegriffen sind. Der Tote (eben Gefallene) in ihrem linken Arm wird doppelt dargestellt: einmal als Mensch und weiter links als sein treuer Hund, der ihm in den Tod gefolgt ist. Kraft ihrer geistigen Sammlung, die durch die „Meditierende" (ihre Priesterin oder Druidin) darstellt wird, erhebt sich der kleine Seelenvogel des Menschen zur Höhe der anderen, der „singenden Vögel der Rhiannon", nach denen das Raubtier (links oben) vergeblich springt.

Nachträglich können wir über dieses Bild den Titel „Tod und Verwandlung" setzen. In den beiden Bildern von Teutates und Rhiannon wurde etwas vorweg genommen, was nicht selbstverständlich ist, wie das nächste Bild zeigen wird.

Die dritte Platte: Der Gott in der Auseinandersetzung mit unterirdischen Tieren, die wie „Seepferdchen" oder gar Drachen aussehen (H = Nr. 9).

Das Gesicht des Gottes, auf dessen Namen ich mich nicht festlegen kann, zeigt den Ausdruck äußerster Entschlossenheit. Seine beiden erhobenen Hände umfassen mit festem Griff zwei geflügelte Mischwesen, die geflügelte Reptilien mit Pferdeköpfen und Hufen sein können, und oft als Hippocampen (Seepferdchen) bezeichnet werden. Die Kraft Gottes zwingt die wild schlagenden Schlangenschwänze und -flügel in eine gewisse gewundene Ordnung, die der Barttracht des Gottes ähnlich ist. Unter seinen Armen, in Höhe der Brust, die aber bereits als eine „untere Hälfte" gelten kann, sieht man ein doppelpoliges Ungeheuer in ungebremster Tätigkeit. Es frißt zwei männliche Gestalten bei lebendigem Leib auf, die verzweifelt Hilfe suchend die Arme nach oben erheben. Das Bild scheint mir ein Ausdruck ungehemmter animalisch-männlicher Aggression und Gier zu sein, die nur mit äußerster Selbstbeherrschung und Entschlossenheit zu bändigen ist – eine Hilfe, die nur der Gott dem Menschen vermitteln kann. Denn der „Drache" im Menschen läßt sich weder besiegen, noch vollkommen integrieren. Er muß bewußt wahrgenommen, „erfaßt" und in einigermaßen ordnenden Grenzen gehalten werden. Der „Drache" symbolisiert und verkörpert den Tod, der den Menschen verschlingt. Die Überschrift über dieses Bild könnte lauten: „Die Bändigung des todbringenden Widersachers der Schöpfung".

Die fehlende vierte Platte mit einer weiblichen Gottheit könnte als Entsprechung zu der männlichen Aggression die irische Göttin der weiblichen Aggression dargestellt haben, die Todesgöttin Morrigan.

Die fünfte Platte: Der Gott mit den Hirschen, der Herr der Wälder und ihrer Tiere (H = Nr.7)

Dieser Gott vermittelt einen völlig anderen Eindruck, als jener mit den „Drachen". Insgesamt ist auf dem Relief anscheinend wenig zu sehen: Ein Gott mit strahlend-gefaßtem Gesichtsausdruck trägt in keltischer Weise geordnete Haare und einen gelockten Bart. Sein Mund lächelt, seine Augen scheinen zu strahlen. Wie alle männlichen Göttergestalten des Kessels hält er etwas „hoch“, wie, um es vorzuzeigen. Seine Hände wirken aber weniger zupackend als bei dem „Drachengott“, eher „haltend“. Zwischen seinem Haupt und den Armen ranken sich Blätter, und er hält nach Jägermanier zwei Hirsche an den Hinterläufen empor. Diese Tiere machen aber keineswegs den Eindruck, als seien sie eine (unfreiwillige) Beute, denn sie scheinen friedlich und mit Wohlgefallen zu äsen, was im Bereich des Gottes für sie wächst, oder sein „frisches Wasser“ zu trinken. Ihre Geweihenden berühren seinen Backenbart beinahe zärtlich. Man möchte annehmen, er freue sich über das liebevolle Kitzeln oder leichte Kratzen, das seine kultische Frisur eher pflegt, als stört.

Der Hirsch spielt in den keltischen Mythen und in archäo-

logischen Funden auch der keltischen Vorzeit eine große Rolle. Er ist der König der Wälder und steht im Gefolge der Großen Göttin. Damit ist er ein Geschöpf an der Grenze zur

Anderswelt, in die er oft den Jäger verlockt. Sein Geweih, das er alljährlich im Februar/März abwirft und dann regeneriert, ist ein Symbol des sterbenden und wieder erwachenden Lebens. Ein Ausdruck dieser Symbolik waren z.b. die Hirschtänze, welche Burschen und Männer in dem englischen Dorf Abbots Bromley Anfang September zu Ehren der Großen Göttin aufführten, um die Fruchtbarkeit des kommen Jahres zu gewährleisten.

Der keltische Kultwagen von Strettweg (ausgestellt im Landesmuseum Graz – Reproduktion im Römisch-Germanischen Museum Mainz) zeigt die Große Göttin mit ihrem Kult-Kessel, dem Opferkessel der Erneuerung – der auf einem Prozessionsweg von mächtigen Hirschen angeführt wird. Weibliche Gestalten leiten die Hirsche, gefolgt von berittenen männlichen Kriegern (vgl. Abb. auf S. 79 u. 81).

Ich nenne den Gott unseres Kessel-Bildes den „Herrn der Wälder" und damit der Grenze zur Anderswelt. Es kann Cernunnos gemeint sein. Er führt uns nicht nur den liebevollen Umgang mit seinen gezähmten Hirschen vor Augen, er zeigt uns auch deutlich, daß im Grenzbereich der Unbewußtheit nicht nur Zerstörung und Tod lauern, sondern daß dort ebenso die Kräfte des sich erneuernden Lebens bereit liegen, welche im Dienst der Göttin des Lebens und des Todes stehen. Denn beide, männliche und weibliche Lebens- und Todesmacht befinden sich bei den Kelten im Gleichgewicht.

Die sechste Platte: Die Göttin mit dem Jüngling und dem Tier (H. = Nr. 12)

Dieses Bild wird von jedem Interpreten anders gedeutet. Wir sehen ein undurchschaubar in sich gekehrtes Frauengesicht mit einem leisen Lächeln um die Lippen. Wenn man die verbeulte untere Kinnpartie „auszubeulen" und den Proportionen der oberen Gesichtshälfte anzugleichen versucht, so trägt die Göttin sehr ebenmäßige Züge, die man „unbeteiligt" erleben könnte, wenn da nicht dieses Lächeln wäre. Wie alle anderen Göttinnen auch, so trägt sie wohlgeordnete Haare, die in 2 × 3 Flechten herabfallen. Ihre Arme sind nicht erhoben, sondern über der Brust gekreuzt, vielleicht sogar auf ihre Weiblichkeit hinweisend. Der Torques unterstreicht ihre Würde. Gelegentlich wird sie als Unterweltsgöttin gedeutet. Über ihren Schultern befinden sich zwei menschliche Gestalten, die bald als Mädchen (mit einem Zopf?), bald als Jüngling (mit der Jugendlocke) gedeutet werden. Ich entscheide mich für das Letztere, weil bei Frauen stets die Brüste markiert werden, die hier fehlen. Beide Gestalten tragen kurze Hosen mit langen Stiefeln, mit denen bei den Kelten weibliche oder männliche „Krieger" bekleidet sein konnten.

Die linke Gestalt zeigt einen Jüngling, der von einem undefinierbaren Tier angesprungen, wenn nicht be-sprungen wird. Seine behuften Hinterläufe schlingt es um das vorgestellte Bein des Menschen, seine schwächeren, bekrallten Vorderpfoten stützen sich ganz unaggressiv wirkend auf seine

Hüfte. Rücken, Bauch und Schwanz des Tieres haben lockige Haare. Kopf, Hals und Vorderläufe wirken wohlgestriegelt. Von Kopf und Schnauze weiß man nicht genau, ob sie einem Hund oder einem Wildschwein gehören. Seltsamerweise schmiegt das Tier den Kopf fast liebkosend an des Jünglings Brust, der mit freundlich geneigtem Kopf und einer streichelnden Geste seiner Hand antwortet. Von einem „Kampf des Herakles mit dem Löwen" (wie das Bild vielfach gedeutet wird), kann ich hier nichts entdecken. Vielmehr scheint es sich um eine Zähmung des Animalischen zu handeln, um eine Integration des Animalischen in den menschlichen Bereich. Wir besitzen zu diesem Bild keinen mythischen Text, darum kann ich nur meine Vermutung äußern, daß mit Hilfe der gesammelten, integrativen Kraft der Göttin die „Zähmung" der animalischen Kraft des Menschen gelingt. Und die Freude über dieses Gelingen bringt die springende, fast schwebende Gestalt auf der rechten Seite zum Ausdruck.

Für dieses schwerelose Schweben gibt es Beschreibungen in zahlreichen Mythen, vor allem um CuChulinn, aber auch in den Sagen um Finn und seine Fianna. Zur Schulung der Jünglinge, die bei einer Meisterin der Anderswelt zu erlernen oder zu vervollkommnen war, gehörten die „Cles". Das waren Geschicklichkeitsübungen in der Kunst der Wendigkeit und vor allem der Schwerelosigkeit, die nicht ohne äußerste Konzentration, wenn nicht mit schamanischen Fähigkeiten zu bewältigen waren. Dazu gehörte z. B. der „Tanz auf der Speerspitze", der „Tanz des Helden auf der Herdplatte", ohne sich die Füße zu verletzen oder zu schwärzen; weiter Ballspiele auf dem Seil, das Fangen von Vögeln in der Luft, und zuletzt der „Helden-Lachssprung", mit dessen Hilfe die schwierigsten Situationen zu meistern waren.

Die schwebende Gestalt befindet sich auf der rechten, also der bewußten Seite des Bildes. Der Jüngling wirkt abwesend, halb in der Anderswelt existierend, aber nicht dorthin entschwebend – so, wie etwa ein junger Schamane seine erste „Seelenreise" antritt, von welcher er aber stets in die äußere

Realität zurückkehren wird. Dies alles findet in einer angedeuteten „Urwaldatmosphäre" statt, was durch üppiges Pflanzenwachstum dargestellt wird.

Im vorigen Bild wiesen die gezähmten Hirsche und ihre positive Beziehung zur Regeneration in der Natur darauf hin, daß im (männlichen) Unbewußten auch positive, Leben fördernde Kräfte bereitliegen. In der Begegnung mit der Großen Göttin (der Unterwelt) lernt der Jüngling, seine Triebkraft zu zähmen und zu transzendieren. Vielleicht stellt die Bilderfolge des Gundestrup-Kessels so etwas wie den Weg einer druidischen Schulung der Menschen dar.

Die siebte Platte: Der Gott mit dem alten Mann und dem Jüngling (H. = Nr. 8)

Auf diesem Bild sehen wir wieder einen geheimnisvoll lächelnden Gott, dessen Gesicht den Ausdruck eines „Wissenden" hat. Man könnte ihn mit dem irischen Dagda identifizieren, dem Gott der Druiden, der die „obere" und die „untere" Welt genau kennt und sich mit ihr auseinandersetzt. Des Gottes Kopfhaar und sein Bart sind wenig bewegt, aber mit besonderer Sorgfalt gelegt. Seine erhobenen Arme halten die menschlichen Gestalten nicht fest, es sieht eher so aus, als vermittle er ihnen einen gewissen „geschützten Raum".

Die linke Gestalt auf seiner Schulter ist ein alt wirkender erwachsener Mann. Seine Ärmchen und verkümmerten Hände berühren nur wie zögernd das Haupthaar des Gottes. Seine Beine wirken nicht allzu standhaft. Er bewegt sich nur zaghaft auf den überlegenen Meister zu. Wenn die Ohren des Gottes sichtbar wären, dann wäre die Leibesmitte des Mannes auf diese gerichtet.

Ganz anders sieht es auf der rechten Seite aus. Da sehen wir wieder die Jünglingsgestalt in der Geste schwereloser Ekstase. Ist dieser wohl in Gefahr, in die Anderswelt auf nimmer Wiedersehen zu entschweben, in die manche der keltischen Männer durch eine Fee verlockt wurden? Aber hier ist keine *sidhe* zu entdecken, nur ein Gott in großer geistiger Sammlung. Das

rechte Auge des Gottes scheint aufmerksam zu dem Mann an seiner rechten Seite zu schauen, der in erster Berührung Kontakt mit dem Wesen des „Dagda“ aufnimmt. Die rechte Jünglingsgestalt könnte eine Art Metamorphose des alten Mannes sein. – Darauf, daß der Jüngling – oder der „Verjüngte“ – nicht ins Nebelland abdriftet, weist die kleine Reitergestalt hin, die in entschlossenem Galopp nach rechts sprengt, also in eine voll bewußte Dimension. Es fällt auf, daß das Tier nicht „gezügelt“ ist. Es besitzt Pferdehufe und hat auch die Bewegung eines Pferdes. Man sieht auf dem Bild nur ein Ohr, das gelegentlich für ein Horn gehalten worden ist. Aber logischerweise müßte man dann auch registrieren, daß auf dem Bild nur zwei, nicht vier Beine abgebildet sind! Auch andere keltische Pferdedarstellungen zeigen nur zwei Beine und ein Ohr des Tieres. Von einem Einhorn ist hier keine Rede. Der Reiter, der auf dem ungezügelten, im Galopp springenden

Pferd vermutlich auch ohne Sattel sitzt, macht einen völlig sicheren und gelösten Eindruck. Sein Körper befindet sich im Gleichgewicht mit dem Tier, er ist mit dessen Schwingungen eins. Ich habe nicht den Eindruck, als „ginge ihm der Gaul durch", wie das andere Interpreten annahmen. Merkwürdigerweise ist nur der Oberkörper des Reiters zu sehen: Hat er keine Arme? Oder gehören die merkwürdigen „Auswüchse" in Schulterhöhe zu seinen Oberarmen, die er, uns die Schulter zukehrend, über der Brust verschränkt hält? Vermutlich aber handelt es sich hier um eine der vielen keltischen Vereinfachungen, die von Bildnissen keltischer Münzen geläufig sind und oft zu grotesk wirkenden Verdrehungen oder Abstraktionen führen. Vorsichtig – und mit allem Vorbehalt interpretierend, möchte ich über dieses Relief die Überschrift setzen: „Die geistige Schulung des Menschen bei Dagda", nämlich des Gottes, der den Menschen eine stets mögliche und immer wiederkehrende geistige „Verjüngung" lehrt, ohne dabei den Boden der irdischen Tatsachen und Notwendigkeiten unter den Füßen zu verlieren. Diese Verjüngung hat ein Opfer zur Voraussetzung, welches freiwillig gebracht werden muß, nämlich Altes und Erstarrtes, sinnlos Gewordenes loszulassen. Das ist der Tod von Vergangenem, der sich in dem Kessel des Dagda genauso ereignet, wie die geistige Neugeburt.

Die achte Platte: Die Große Göttin mit ihrem Gemahl und dem Sohn (H. = Nr. 11)

Wir sehen auf diesem Relief eine Dreiheit: Die Große Mutter, links von ihr der „Vater-Gemahl", und rechts der „Sohn-Gemahl". Im Anblick dieses Bildes tut es zunächst not, daß wir uns von einem naheliegenden Irrtum befreien, denn das anscheinend furchtbare „Maul" dieser Göttin ist ein Artefakt. Ihr Kinn ist durch Gewalteinwirkung eingedellt. – Der „richtige" Mund ist auffallend klein, und liegt dicht unter der Nase, wie auch auf dem Bild des „Sohnes" rechts neben ihr.

Wenn wir diese Korrekturen vollzogen haben, blickt uns ein überaus ernstes, aber keineswegs „fressendes" weibliches

Gesicht an. Die beiden kreisförmigen Einbuchtungen über und unter ihrem schmalen Mund sind die Oberlippenfalte und das Kinngrübchen. Der Haarwuchs ist spärlich, als handle es sich um eine alte Frau. Die Brüste sind, wie auf allen weiblichen Bildnissen, nur leicht angedeutet, und die Hände liegen lose auf der Brust. Die linke Hand könnte etwas Rundes, wie eine Kugel oder einen Apfel halten.

Die männlichen Gestalten sind in der schon gewohnten Geste mit erhobenen Händen dargestellt, die aber hier nichts „halten". Sie sind deutlich kleiner, als die „Große Mutter" - der linke ist bärtig, also erwachsen, und hat einen betont großen, vielleicht „sprechenden" Mund. Es könnte der Dagda sein. Der rechts plazierte Mann ist bartlos, also noch im Jünglingsalter, jedoch bereits mit dem Signum seiner Göttlichkeit, dem Torques ausgestattet. Er kann Oengus heißen. An allen drei Gestalten fallen ihre besonders betont ausgezogenen vogelschwingenähnlichen Augenbrauen auf. Man kann über dieses Relief die Gesamtüberschrift setzen: „Die Große Göttin mit ihren Adoranten". Der Gestus der männlichen Arme und ihr gesammelter Gesichtsausdruck stimmt zum Gebaren der Anbetung.

Im inselkeltischen Raum ist das Bild der alten Göttin wohlbekannt, die sich stets in der Verbindung mit einem jungen Gemahl wieder erneuert. Wenn ein alter König stirbt oder zurücktritt, so muß sich sein Nachfolger immer aufs Neue mit der alten Muttergöttin verbinden, die sich mit ihm verjüngt und mit ihm die Fruchtbarkeit des Landes und seiner Regierung gewährleistet.

Die Göttermutter Danu ist die Mutter und gleichzeitig (als Brigit) die Tochter des Dagda. – Und Dagda ist ihr Vater, ihr Gemahl, und auch ihr Sohn. Die Danu tritt in vielen Gestalten auf. Sie ist gegenwärtig in den drei Königinnen des Landes: Als Eriu (die Gemahlin des königlichen Herrschers), als Banba (die Gemahlin des Kriegerkönigs) und als Fotla (die Gemahlin des Ackerbau-Königs). Ihre vierte Gestalt wird selten gezeigt, aber oft beschrieben: Es ist die schon erwähnte Todesgöttin Morrigan, die auch Badbh oder Scathach (die Schattige, Finstere) heißen kann. Ich habe schon angedeutet, daß sie vermutlich auf der verloren gegangenen Reliefplatte des Kessels dargestellt war. Man kann die männlichen Gestalten des Reliefs mit den Namen der irokeltischen Götter Dagda und seines Sohnes Oengus belegen, oder auch mit den gallo-römischen Namen Taranis und Esus – das ist im Grunde zweitrangig. Wichtig aber ist der dargestellte Opfergedanke der Wandlung, des Stirb- und Werde in immer neuen Varianten, der dem Menschen durch die Gegenwart des Gottes vermittelt wird. Das scheint mir der hinführende Sinn in den Darstellungen an den 8 Außenplatten des Gundestrup-Kessels zu sein.

Die neunte Platte: Der Gott mit dem Rad (Taranis) (H. = Nr. 5)

Im Zentrum des Bildes sehen wir einen Gott, dessen linke Hand ein Rad hält, von dem nur eine Hälfte zu sehen ist. Es hat 8 Speichen. Ein Krieger mit Hörnerhelm ist dem Geschehen nicht nur zugewandt, sondern er greift dergestalt an das Rad, daß es nach oben und rechts weiterbewegt wird, also im Sinn des Uhrzeigers und des Sonnenlaufes. Zwei Raubtiere (Wölfe?) flankieren die obere Szene. Beide traben mit aufgerissenem Rachen und scharf bekrallt von links nach rechts, ihre Schwänze weisen aktiv nach oben. Die untere Bildhälfte wird durch drei von rechts nach links springende Greife beherrscht, die mit ihren scharfen, gekrümmten Schnäbeln ebenfalls furchterregend aussehen. Unter den Beinen des Kriegers krümmt sich eine Schlange mit Widderhörnern. Sie liegt auf dem Rücken und blickt nach links.

Der Gott Taranis ist der Herr des Rades, das „Taran", der Donner heißt. Darin erschöpft sich aber die Symbolik des Rades nicht, denn in fast allen Kulturen ist es vor allem ein Sinnbild der Sonne. Der Tagesweg der Sonne nimmt seine Bahn von Ost nach West, vom Betrachter her gesehen von links nach rechts[10] und mit der Sonnenbahn verbindet sich die

Vorstellung der Zeit, auch der Lebenszeit des Menschen. Im Westen taucht die Sonne in die Nacht und das Meer der Unbewußtheit ein, um sich am Morgen dem neuen Anfang ihres Laufes im Osten zuzuwenden. Die Gefahren des Nachtweges der Sonne scheinen durch die Greife und durch die Schlange der Anderswelt angedeutet zu werden, während der Tageslauf des Gestirns von den Wölfen bedroht ist, die stets darauf bedacht sind, das Licht (der Bewußtheit) wieder zu verschlingen. – Mit dem Zeitrad verbindet sich auch die Vorstellung des Schicksalsrades, welches den Menschen von der Geburt an zur Höhe der Lebensmitte trägt, und dann unweigerlich mit der Abnahme seiner Kräfte wieder dem leiblichen Tod entgegentreibt. Als Glücksrad endlich beschert es auch den (stets vergänglichen) Reichtum, der sich für die Menschen bäuerlicher Kulturen in dem Ertrag ihrer Äcker und ihrer Viehherden niederschlug. Von daher ist es nicht mehr weit zur Symbolik der Fruchtbarkeit, die oft – von Blitz und Donner ausgelöst – durch einen befruchtenden Regen gebracht wird.

Das Brauchtum des Radrollens oder Scheibenschiebens hängt mit beiden Bedeutungen des Rades zusammen: Zur Wintersonnwende wurden brennende Räder von den Bergen in die Ebene gerollt, um die Wiederkunft der Sonne aus dem Reich der Finsternis anzuzeigen, und zum Frühlingsanfang (21. März) war der „Funkensonntag", das Fest, an dem man mit brennenden Rädern symbolisch die Felder befruchtete – gleichzeitig aber auch die schädlichen Hagel-Dämonen des Sommers vorbeugend zu bannen suchte. Das nannte man die „Hagelfeuer".

Der Mensch vermag im Kultus (zu dem in früheren Zeiten durchaus auch seine „Heldentaten" im Dienst des Gottes gehörten) dem Gott zu helfen, damit die Sonne ihren geregelten, segenspendenden Weg über den Himmel nimmt. Oder, wenn man es anders ansieht, so wird der Mensch vom Rad des Schicksals emporgehoben, bis sein Zenith überschritten ist, wie jener der Sonne. Danach wandert er, wie im Mythos von CuChulinn erzählt wird, dem Weg der nächtlichen Sonne folgend zu Scathach, der „Schattigen“, der dunklen Todesmutter – und es ist nicht gewiß, ob er dort die Einweihung in ein neues Leben empfangen wird.

Die Greife und die Widderschlange bedürfen noch einer genaueren Betrachtung. Wir kennen Mischvögel überall als Hüter der königlichen Macht. Sie flankieren z. B. den Thron des Königs Minos in Knossos. Sie hüten den Lebensbaum, das heilige Feuer, oder das Wasser des Lebens, und werden damit sogar zu Symbolen der Auferstehung. Sie hüten außerdem das unterirdische Gold. Und so können sie, allgemein gesehen, die Hüter der „unterirdischen“ Schätze sein, oder auch die Beschützer der nächtlichen Sonne, die sie auf ihrem Weg durch die Unterwelt begleiten. Denn das „Sonnenrad“ taucht ja allabendlich und an jedem Lebensende in die „untere Welt“ ein.

Zwischen den Greifen liegt die *gehörnte Schlange*, die als Attribut des Cernunnos und des nächtlichen Teutates auftritt. Die gewundenen Hörner des Sonnenwidders, die wir auch aus Ägypten kennen, sind Symbole der unterirdischen Fruchtbarkeit. An sich kann die Riesenschlange ein gefährliches Tier der Unterwelt sein. Aber ihre besondere Gestalt (ihr Widderkopf) weist auf ihre Eigenschaft als symbolisches Begleittier sowohl des Teutates, wie auch des Esus-Cernunnos hin. Teutates, der Anführer seines Volkes auch im Krieg, weist seiner Mannschaft den Weg zu Kampf, Tod und Verwandlung – das werden wir bei Betrachtung des Reliefs Nr. 13 im Hinblick auf die symbolische Funktion des Kessels noch genauer sehen.

Die Schlange gilt auch als Symbol der unterirdischen Fruchtbarkeit und der Regeneration, weil sie sich in der Häutung „erneuern“ kann. Ihre gewundenen Widderhörner können ebenso ein Hinweis auf männliche Zeugungskraft sein, wie auf den „Spiralweg“ des Samens ins Innere des weiblichen Organismus oder der mütterlichen Erde. Die Götter Teutates-Cernunnos-Esus können sowohl Gegenspieler des Taranis sein, als auch seine unterirdische Ergänzung oder Entsprechung, denn der Blitzstrahl des „Donnerers“ befruchtet auch die Erde.

Die beiden Raubtiere, die sowohl hier als auch auf dem später folgenden Cernunnos-Relief (Nr. 12) erscheinen, erinnern sehr an die beiden Wölfe Skoll (Der Verfolger) und Hati (Der Hasser) aus der Germanischen Mythologie,[11] deren Ziel es ist, beim Weltuntergang die Sonne zu verschlingen. Der „Hasser" läuft voraus, er bereitet dem Unglück die Bahn; der „Verfolger", der auch als „Trug" bezeichnet wird, rennt hinter der Sonne her, deren Symbol das Sonnenrad ist.

Ist es nicht auch bei uns Menschen so, daß Haß und Trug das klare Sonnenlicht unserer Bewußtheit und deren Kontrolle über ein emotionales Geschehen oft zu verdunkeln (verschlingen) drohen?

Dieser Exkurs in die germanische Mythologie sei hier gestattet, weil die Zeit und der Ort der Entstehung des Gundestrup-Kessels auch die Beziehung zu den die Kelten umgebenden Kulturen spiegeln: der Griechen, Römer, und, in der Spätzeit auch der Germanen. Insgesamt führt uns das Relief des Gottes mit dem Rad also die Teilhabe des Menschen an einem kosmischen Geschehen vor Augen, dessen Kreislauf in zwei Ebenen vorgeführt wird. Wollte man dieses Geschehen abstrahieren, so könnte man es durch die bekannten doppelten Spiralen darstellen, die aus der Jungsteinzeit und der Bronzezeit mannigfach bekannt sind, wie z. B. auf den Steinen des Tumulus-Grabes von New Grange in Irland.

Die zehnte Platte: Die Göttin mit den Starken Tieren (Elefanten) (H. = Nr. 3)

Wir sehen auf diesem Innenrelief eine in sich ruhende, ausgeprägte weibliche Gestalt. Sie lächelt verhalten und weist auf den Reichtum ihrer Brüste hin. Die Bildebene zwischen oben und unten zeigt einen deutlichen Strich, an dessen beiden Enden sich je ein Kreis mit einer sechsblättrigen Blüte befindet. Die Blütenstrahlen sind in der Mitte durch sorgfältig gezeichnete kleine Kreise zentriert. Rechts und links neben der Göttin sind in der oberen Ebene zwei Elefanten abgebildet, um die herum üppiges Pflanzenwachstum rankt.

Unter der Göttin läuft wieder das schon bekannte Raubtier nach rechts, das durch Greifen flankiert wird, die von beiden Seiten auf es zuspringen.

Die Kelten hatten bekanntermaßen kulturelle Beziehungen zum gesamten Mittelmeerraum, also sicher auch nach Nordafrika. Dort waren damals noch die größeren, wilderen und schwerer zähmbaren afrikanischen Elefanten beheimatet. Sie waren und sind ein Inbegriff von überaus großen und starken Tieren, die, einmal gezähmt, dem Menschen im realen und im übertragenen Sinn wertvolle Dienste zu leisten vermögen. Ob, wie die indischen, auch die afrikanischen Elefanten als Träger der Weisheit gelten können, möge dahingestellt bleiben. Der Künstler des Gundestrup-Kessels kannte sie wohl nur vom Hörensagen. Seine Tiere blicken freundlich bezogen auf ihre Herrin. Gelegentlich werden die Elefanten auch als Symbole weiblicher Kraft gesehen. Das „Wilde Tier" der unteren Ebene ist zwar anwesend, aber nur in der Einzahl, und dadurch weniger betont, und es wird in Schach gehalten durch die Greife, die hier die Wächter eines weiblichen „Thrones" sind. Wenn das Tier nach rechts läuft, so deutet dies an, daß es bewußtseinsfähig wird.

Die beiden Rosetten sind ein Ausdruck geordneter Symmetrie. Die Zahl 6 gilt als Ausgleich himmlischer und irdischer

Entsprechung, was z. B. in der Anordnung des Zions-Sternes besonders deutlich zu erkennen ist. Nimmt man bei den abgebildeten Blütenblättern aber noch das verbindende Zentrum (o) hinzu, so könnte man zu den ursprünglich 5 Planeten mit der Erde und dem Mond gelangen, also zu einem weiblichen Rhythmus, auf dem auch der druidische Kalender beruhte (dessen Jahr 13 Mondmonate und einen Schalttag = 365 Tage im Jahr umfaßte). So war es selbstverständlich, daß die weibliche Ordnung der Zeit vom Mondrhythmus bestimmt wurde – eine sinnvolle Ergänzung zur „Sonnenregierung" des Taranis.

(Nebenbei sei bemerkt, daß die keltische Zeitrechnung mit der Nacht beginnt, die vor dem Tag stand. Man zählte also nach den Nächten, in denen der Mond regierte).

Die elfte Platte: Die Opferung der Stiere oder Einhörner (H. = Nr. 2)

Wir sehen drei im Grunde undefinierbare Tiere: Sie besitzen Rinderhufe, einen Quastenschwanz, einen gedrungenen Leib, dazu die Mähne eines Pferdes. Der Kopf erinnert an ein Wesen, welches man „Hirsch-Rind-Hund" nennen könnte, das Auge sieht am deutlichsten nach dem eines Stieres aus. Die Ohren fehlen. Das einzig deutliche ist ein Horn auf der Stirne. Wahrscheinlich sollen diese Tiere Stiere darstellen. Das setzte voraus, daß der Künstler, wie auch auf anderen Reliefs, je zwei

Beine und zwei Hörner als *eines* zur Deckung bringt. Die Reliefs des Kessels wurden von mindestens zwei, wenn nicht drei oder vier Handwerkern geschaffen. Denn der Künstler der Bodenplatte gestaltete, wie wir noch sehen werden, seinen Stier sehr naturgetreu. – Das Fell der drei Opfertiere ist sorgfältig gestriegelt, was wir auch an anderen Tieren schon beobachten konnten.

Drei Männer zielen mit gezückten Schwertern auf Hals oder Brust der Tiere, die offenbar im „Wald" leben, der durch die umgebenden Blattranken dargestellt wird. – Sowohl zu Häupten, als auch zu Füßen der Opfertiere springen Hunde in gestrecktem Lauf nach links. Die oberen mit weit aufgerissenem Rachen wirken im aktiven Sprung aggressiver als die unteren Tiere, die eher den Eindruck erwecken, als befänden sie sich auf der Flucht. Sie deuten den nahen Tod an. Über das Stieropfer erfahren wir bald noch Näheres.

Die zwölfte Platte: Cernunnos und seine Tiere (H. = Nr. 4)

Im Zentrum dieses Reliefs sehen wir eine menschliche Gestalt in der Körperhaltung und mit dem Gesichtsausdruck des Meditierenden. Seinem Haupt entsprießt ein 14-endiges Hirschgeweih. Sein Haar ist sorgfältig und klar geordnet. Über den gesenkten Augen sind die Augenbrauen geschwungen. Sein Mund ist leicht geöffnet, das Kinn bartlos. Um den Hals trägt er den bekannten Torques, in der linken Hand einen zweiten aus deutlich gewundenem Metall, wahrscheinlich Gold. Mit der rechten Hand umgreift er fest den Hals einer einmal gewundenen widderhörnigen Riesenschlange, deren Schwanzende weit in den Grund der rechten Bildhälfte hinein reicht. Der gesamte Hintergrund des Bildes ist von rankenden Blättern erfüllt, die auf einen Wald schließen lassen.

Auf der linken Seite des Gottes steht, ihm zugewandt, ein Hirsch mit 16-endigem Geweih. Sein Auge erscheint weit geöffnet, ebenso das Ohr, sein „Lauscher". Das leicht geöffnete Maul erinnert fast an einen sprechenden Mund. Die Körperhaltung ist verhalten-grazil, die ganze Gestalt aufs genaueste ausgearbeitet und nach der Beobachtung in der Natur geformt.

Auf der rechten Seite steht über der Schlange, und dem Gott ebenso nahe ein nicht ganz deutlich definierbares Tier, das seiner Kopfform nach zu schließen am ehesten ein Wildschwein sein kann. Im Gegensatz zum Hirsch wirkt der Ausdruck seines vorgestreckten Kopfes eher neugierig-dümmlich, das „Gesicht" beinah mitleiderregend.

Rechts außen und unten treiben zwei schwer zu bestimmende Raubtiere ihr Spiel miteinander, das jederzeit in Kampf umschlagen kann. Die Körper, die Schweife, die Krallen und die gekräuselten Mähnen, sowie die gesamte Bewegung lassen am ehesten auf sich anspringende Löwen schließen, die Köpfe und Augen auf Hunde.

Am oberen äußeren Bildrand beider Seiten stehen in heraldischer Steifheit zwei Antilopen oder Steinböcke, beide blicken nach rechts.

In der rechten oberen Bildmitte spielt sich noch eine recht undurchsichtig wirkende Szene ab: Über dem Schwein jagt in gestrecktem Lauf, mit gierig aufgerissenem Maul und hechelnd heraushängender Zunge, ein grimmiger Hund oder Wolf nach rechts hinter einem auf einem Fisch reitenden Kind einher. Der Fisch könnte ein Delphin, genauer ein Narwal, sein. Mit schlagend erhobenem Schwanz gleitet er anscheinend sicher durch die (nicht sichtbaren) Wogen. Das Kind auf seinem Rücken sitzt aufrecht und wirkt ebenfalls sicher. Von seiner ausgestreckten rechten Hand verläuft ein Zügel zum Maul des Fisches, den es zu lenken scheint. Der Gesichtsausdruck des Knaben wirkt ruhig, überlegen und gelassen. Der Wolf, der den Fisch und das Kind jagt, scheint die beiden nicht ernstlich zu bedrohen, weil er sie nicht zu erreichen vermag.

Der *Hirschgott* ist weithin bekannt, man findet ihn bereits in eiszeitlichen Höhlenzeichnungen. Der „Gehörnte" heißt bei den Kelten Cernunnos. Als solcher ist er seit dem vierten vorchristlichen Jahrhundert nachweisbar. Cer wird aus der indoeuropäischen Sprachwurzel *Ker,* Wachsen abgeleitet. Auf Wachstum und Erneuerung weist das alljährlich abgeworfene und sich wieder regenerierende Geweih des Hirsches hin. Cernunnos ist ein Gott der Anderswelt, der die im Tod vergehenden Lebenskräfte neu erweckt und eine neue Gestalt annehmen läßt. Auch die Säfte der Pflanzen läßt er jedes Frühjahr neu emporschießen.

Cernunnos ist der Herr der Tiere des Waldes, und unter diesen stehen ihm zwei besonders nahe: Das ist

1. der Hirsch, der dem Gott mit seinem Geweih besonders verwandt ist. Im keltischen Mythos lockt der Hirsch oft den Jäger in seinen Bezirk, besonders als weißer Hirsch. Dieser Bezirk ist das Reich der *fairies,* der Feen, in welchem der Mensch oft Erstaunliches über die „Anderswelt" – auch in der eigenen Brust – erfahren kann. Der „Kriegerkönig" Finn fand z. B. seine Geliebte Saeve in dieser Gestalt, und sein Sohn Oisin heißt das „Hirschkalb".

Ebenso oft aber verirrt sich der Mensch im Dämmer der „Wälder", welches in unverminderter Weise noch heute für viele Großstädter zutrifft, die „hinter den Bäumen" häufig undefinierbare Gefahren lauern spüren. In Träumen heutiger Menschen und in den Märchen wird der Wald zum Symbol eines Bezirkes der Unbewußtheit, worin die Träumer sich unsicher und bedroht fühlen.

In diesem Reich also herrscht der Gott Cernunnos, der nach dem wenigen, was man über ihn weiß, auch ein Seelengeleiter nach dem Tod ist . Zentrierend und ordnend sitzt er inmitten eines Gewoges der Tierwelt. Der Torques in seiner Hand ist wie ein Königszepter seiner ordnenden Gestaltungskraft.

2) die Schlange in seiner rechten Hand ist ein chthonisches Gegenbild des Torques. Die Symbolik der Schlange ist vielfältig. Sie ist ein Bild für noch undifferenzierte, ungestaltete, aber wandlungsfähige Lebenskraft. Kleinere Schlangen haben in Träumen meist phallischen, größere aber weiblich-umschlingenden, sowohl beschützenden, wie auch erstickenden Charakter. Schlangen können den Tod bringen – und demonstrieren mit ihrer Häutung gleichzeitig ihre Fähigkeit zur Regeneration (Neuwerdung).

Auf unserem Bild scheint mir die große Schlange die Repräsentantin einer unterirdischen Fruchbarkeitsgottheit zu sein, deren Helfer der (Sonnen-)Widder ist. Der Gott faßt sie mit festem Griff, es sieht aus, als wolle und könne er sie bändigen. Das tut not, denn die urtümliche Lebenskraft ist wild und unbändig.

Beides, Schlange und Torques sind nötig, um das Reich der wogenden Gestalten des „Waldes" (das Reich der „Mütter"!) immer wieder in Gestalten des sichtbaren Lebens umzuformen und einzubinden.

Ich kann mich nicht auf die exakte „Deutung" aller Gestalten dieses Reliefs einlassen. Es scheint mir ehrlicher zu bekennen, daß ich nur dies oder jenes vermuten, aber nichts sicher „wissen" kann. Daher mag es jedem Betrachter überlassen bleiben, in den sich hier präsentierenden Gestalten ein Spiegelbild dessen zu entdecken, was sich etwa unter der Oberfläche der eigenen Seele tummelt – vielleicht an Kampfspielen, an schnüffelnder Neugier oder als verhärtete Bocksgestalt. – Ich möchte nur *eine* Vermutung äußern, die ich bei Betrachtung der Szene zwischen dem delphinreitenden Kind und dem Wolf hege: Es könnte, kosmisch gesehen, das Sonnenkind sein, welches aus den Tiefen seiner „Nachtmeerfahrt" wieder dem Anfang eines neuen Tages zustrebt (stets verfolgt von dem gefräßigen Nachtwolf, der bei den Germanen Skoll heißt). Es könnte aber auch ein Menschenkind sein, das seiner „Neuen Geburt" und damit einer neuen Bewußtheit entgegenreitet, nachdem es einen Teiltod, (deren es in jedem Menschenleben viele gibt!), oder eine Initiation durchgemacht hat. Auch der ganz persönliche Weg des Initianten kann durch ein „verschlingendes Untier" bedroht werden.

Zu dem Delphin-Reiter seien noch einige Anmerkungen erlaubt.

In einem über 100 Jahre alten Nachschlagewerk von Otto Keller[12] können wir aufschlußreiche Hinweise zu der Gestalt des Delphin-Knaben auf dem Gundestrup-Relief finden. Auf der Seite 127 des Buches lesen wir:

> „Als bedeutendstes Meerestier der Alten Welt bezeichnet der Delphin das Meer im weitesten Sinne … Er war nicht nur das bedeutendste Meertier, sondern auch dem Seefahrer das nützlichste, er war ein trefflicher Windprophet und Verkünder eines nahenden Sturmes" (S. 298).

Alle Schutzgötter der Griechischen Kolonien (und natürlich alle Meeresgottheiten) werden auch mit dem Attribut und Wesen des Delphins genannt, so vor allem Dionysos und Apollon-Delphinios". Sie alle sind Schutzgötter der Kolonien, denn sie beschützen die koloniegründenden Menschen und geleiten sie über das Meer … *„Apollon-Delphinos"* … zeigt sich auf den ersten Blick als gleichartig dem Sonnengott und Koloniegründer Melikarth auf dem Delphin (S. 218) … Ein schönes Vasenbild zeigt uns Apollon-Delphinios, wie er, vielleicht nach der Gründung Delphis, auf beflügeltem Dreifuß sitzend und die Kithara spielend, im Geleite von Delphinen über die Meereswoge fährt" (S. 219); „Ganz sonnenklar haben wir Namen und Wesen Melikarths im *Melikertes, dem vom Delphin getragenen Knaben* … Immer wieder ist es der syrische allgewaltige Sonnengott, der unter Umständen Koloniegründer beschützt und sozusagen mit ihnen über das Meer auf dem Delphin dahinfährt" (S. 220).

„Eine der frühesten erhaltenen Darstellungen des Delphinreitenden Knaben haben wir in einem Metopenfragment von Olympia". (S. 229): „Auf einem römischen ‚Eigelstein' in Gallia Belgica (dem Secundiner-Grabmal von Igel bei Trier) ist eine Reihe von Delphinreitern zu sehen, die die Reise ins unbekannte Jenseits und den Schutz der Gottheit für die Seelen der Verstorbenen anzudeuten scheinen" (S. 231).

Diese Anreicherungen aus einem heute noch aktuellen Kommentar mögen die Gedanken unterstützen, die wir uns über den kleinen Delphinreiter auf dem Gundestrup-Relief gemacht haben. Aus kulturgeschichtlicher Sicht kann man das Cernunnos-Relief als ein Musterbeispiel für die vielfältigen Beziehungen der Kelten zu anderen Kulturen nennen. Man könnte es ein „Vierkulturen-Relief" nennen, in dessen Zentrum Cernunnos thront. Um ihn erscheint alles, was an sein Zwischenreich angrenzt: der syrische Melkarth, der griechische Apollon-Delphinios, der germanische Wolf, der Fenrir oder Skoll heißt, und der römische Grabstein von Igel, der im gallo-keltischen Gebiet auf die mythische Existenz des delphinreitenden Seelen-Geleiters hinweist.

Gegen den Sog der Auflösung und des Todes (repräsentiert durch den Wolf, der die Sonne zu verschlingen trachtet) kann nur die einende Kraft des Gottes helfen. Beides, eine erneut aufgeschlossene Hinwendung zu alten Meditationsbräuchen mit ihrer sammelnden und gestaltenden Kraft, wie auch die Versuchung zum exzentrischen Verlust unserer Mitte in einer Flut mannigfacher Süchte, sind dem heutigen Menschen wohlbekannt. Zur Begegnung mit diesen Gefahren und deren möglicher Integrierung vermag dem keltischen Menschen der Gott Cernunnos zu helfen.

Die dreizehnte Platte: Die reale und die symbolische Funktion des Kessels (H. = Nr. 1)

Dieses Relief ist deutlich in zwei Ebenen aufgeteilt. Von rechts unten sehen wir eine Kriegerschar zu Fuß auf dem Weg nach links marschieren. Dort steht die Gestalt eines Riesen, vor dem sich ein Gefäß befindet, in welches er soeben einen Mann kopfüber eintaucht.

In der oberen Zeile sieht man Berittene von dem Kessel fort nach rechts traben. Zwischen den beiden Ebenen liegt ein Baum, den die Gestalten der unteren Reihe auf ihren Lanzen tragen. Seine Zweige mit Blättern und Blüten weisen alle nach rechts, ebenso die Krone, während die Wurzeln nach links ausgerichtet sind und den Kessel berühren.

Wenn wir die Gestalten der unteren Zeile betrachten, so sehen wir am Schluß des Zuges drei Carynx-Bläser, deren Klangtrichter die Gestalt von brüllenden Tierköpfen haben (ein Ausdruck der kriegerischen Wirksamkeit). Vor ihnen schreitet ihr Anführer, der sein Schwert geschultert trägt, und dessen Helm ein Eber ziert, das uns schon bekannte Symbol männlicher Tapferkeit. Die vor den Bläsern marschierenden sechs Männer tragen Lanzen und die typisch keltischen Langschilde. Zwischen ihnen und dem Riesen springt ein Hund empor. Man weiß nicht, ob er dem vordersten Krieger den Zutritt zum Bereich des Kessels verwehren will und damit die Grenze zur Anderswelt anzeigt, oder ob er nach der Wurzel des Baumes schnappt.

Der Riese trägt an seiner Kappe entweder einen kunstvoll geflochtenen Haarzopf oder gar einen Tierschweif, der ein Signum archaischer Häuptlingswürde ist. Der Riese trägt aber keinen Torques, wie die Göttergestalten des Kessels. Es kann also ebensogut sein, daß mit seiner Größe nur die Wichtigkeit seiner Person betont wird, oder auch, daß die Gestalten einer mythischen Vorzeit eben „riesengroß" sind.

Die Reiter der oberen Zeile blicken alle hoch erhobenen Hauptes nach rechts. Sie folgen dem „Banner" einer gehörnten Schlange, das ist wieder das Zeichen des Gottes Teutates und des Cernunnos, des Anführers in die Anderswelt. Die Helmzier des hintersten Reiters sieht aus wie ein zurückgebogenes Widderhorn, darunter befindet sich die Andeutung eines zweiten Horns. Der zweite Reiter trägt ein deutliches Stangengeweih auf dem Helm, und zwar im Stadium des unter der Basthülle neu sprossenden Hirschgeweihes. Sein Schwert weist nach hinten . Der dritte Berittene trägt wiederum die Helmzier des Ebers, und der vorderste einen singenden Vogel.

Die Archäologen haben diese Silberplatte ganz nüchtern gedeutet: Vor dem Kriegseinsatz nimmt die Truppe an einem Opfer für Teutates teil, welches kopfüber in einem Kessel ertränkt wurde. Fußvolk und berittene Truppe marschieren vorbei, betrachten den Ritus und begeben sich dann in die Schlacht. Diese Deutung ist sicher richtig. Aber was soll der Sinn dieses grausamen Menschenopfers sein?

1. Führte dieser Opfer-Ritus den Kriegern vor Augen, daß der Tod im Kampf nicht das Letzte sei, sondern daß ein Leben in einer anderen Daseinsform auf den leiblichen Tod folgen kann? Hatte Julius Cäsar Recht, wenn er vermutete, daß den Galliern von ihren Druiden ein Unsterblichkeitsglaube eingetrichtert würde, damit sie im Kampf nicht die Flucht ergreifen?

2. Schon bei der Schilderung der zweiten Funktion des Kessels sind wir bei der Erzählung von der Brautwerbung um Branwen auf einen Text gestoßen, der genau zu unserem Bild paßt: „Wird dir heute ein Mann erschlagen, wirf ihn in den Kessel, und morgen wird er so unversehrt wie je sein, das eine

ausgenommen, daß er ohne Sprache sein wird". Aus diesen Sätzen ergibt sich als zweite Möglichkeit der Deutung, daß jedem Krieger vor der Schlacht im Opferritus ein Mysterium vorgeführt wird, über welches in allen Kulturen zu schweigen geboten war, daher die „Sprachlosigkeit", die gleichzeitig ein Ausdruck der Wandlung in eine andere Dimension des Seins ist.

3. Die dritte Möglichkeit geht noch einen Schritt weiter. Denn ich vermute, daß dieses Relief eine Initiation zeigt, und daß diese Einweihung in das Geheimnis um Tod und Leben der eigentliche Sinn des gezeigten Opfers ist.

Daß die Fußtruppe ganz eindeutig auf einen – realen oder symbolischen – Tod zumarschiert, zeigt der Hund an, der die Schwelle zum Reich des Todes hütet. Ob dieser Tod endgültig sein wird oder transzendiert werden kann, das weiß der Initiand im voraus nie, er muß sein Leben bedingungslos einsetzen. Aber nun tragen diese Menschen einen *Kult-Baum* mit sich, wie er etwa anläßlich des großen Frühlings- und Auferstehungsfestes von Beltene im Mai aufgerichtet, oder bei anderen Anlässen (vielleicht an Samuin im November) in Kultschächten versenkt wurde. Ein kostbares Exemplar dieser Art wurde in dem Oppidum Manching ausgegraben und war anläßlich der letzten großen Kelten-Ausstellung in Rosenheim (1993) zu sehen

Die Wurzeln dieses Lebensbaumes weisen auf unserem Bild zur „unteren Welt" hin, dort soll der Baum gepflanzt werden, einwurzeln, und dann neu wachsen, wie alle Samenkörner, die in die Erde versenkt werden und dort sterben und ruhen, bevor neues Leben aus ihnen hervorsprießt. Der Baum gehört zum Opferritus, und dieses Bild des Menschenopfers zeigt einen symbolischen Vorgang, eine bildliche Darstellung der zentralen druidischen Lehre von der Unsterblichkeit der menschlichen Seele und deren Neugeburt auf einer anderen Daseinsebene. Diese "Andere Welt" hat eine andere Sprache, als wir sie in unserer realen Welt kennen. Man kann über die

Erfahrung des symbolischen Initiations-Todes im Kessel (oder auch in der urchristlichen Taufe) nicht mit rational genormten Worten sprechen, weil es ein geistiger Wandel, eine Transzendenz ist. Was damit gemeint ist, wird in einer irokeltischen *Sage um den Vorwelts-Riesen Cu-Roi* erläutert:

Im Cu-Roi-Mythos wird erzählt, wie eines Tages unter den Helden an der Tafelrunde des Königs Conchobar der oft beschriebene „Streit um den Heldenbissen" ausbrach. Cu-Chulinn, dem diese Ehrung eigentlich zustand, wurde sie von Neidern und Großsprechern streitig gemacht und er zog sich verärgert zurück. Mitten in der unter den anderen Anwärtern aufsteigenden Kampfeswut öffnet sich die Tür der Halle, und ein mächtiger Riese der Vorzeit, Cu-Roi tritt ein. Er bringt ein großes Beil und einen dazugehörigen Hackklotz mit. Dann stellt er sich in die Mitte des Saales und fordert die Tapfersten unter allen Helden auf, ihm – Cu-Roi – den Kopf abzuschlagen. Morgen wolle er wiederkommen, und der betreffende „Held" müsse bereit sein, sich nun selber köpfen zu lassen.

An zwei aufeinanderfolgenden Abenden meldet sich jeweils einer der Bewerber um den „Heldenbissen": Er schlägt dem Riesen den Kopf ab, der daraufhin aufsteht, seinen Kopf, Beil und Hackklotz unter den Arm nimmt und fortgeht. Aber immer, wenn CuRoi am nächsten Tag erscheint und seine Gegenforderung stellt, ist der zuständige „Held" nicht anwesend. Als der Riese darüber seinen Spott äußert, ärgert dies Cu-Chulinn so sehr, daß er sich selber meldet. Er schlägt dem Riesen das Haupt ab – und er ist am folgenden Abend anwesend. Er legt seinen Kopf auf den Hackklotz, CuRoi erhebt sein Beil und schwingt es bis zur Decke der Königshalle empor – dann läßt er es auf CuChulinn niedersausen. Aber kurz vor dessen Hals bremst er und ritzt ihm nur die Haut – einen roten Ring um den Hals, ein Bild des Torques. CuRoi erklärt daraufhin CuChulinn als den Sieger im Streit um den Heldenbissen, und er verschwindet wieder. CuChulinn weiß vorher nicht, ob er überleben wird. Aber ich denke, wir sind

Zeugen eines Initiations-Ritus geworden, der das „Opfer des Kopfes“ vom Menschen verlangt – ähnlich, wie es bildlich auf dem Relief des Kessels zu sehen ist.

Die vierzehnte Platte: Das Stieropfer im Zentrum des Gundestrup-Kessels

Wir wenden uns nun der letzten, kreisrunden Reliefplatte des Kessels zu, die ein Stier-Opfer zeigt. Beim Fund lag diese Platte am Boden des Kessels. Diesem Boden entsprechen die Maße der Rundplatte genau. Und es entspricht auch der inneren Logik der Bilderfolge, daß das zentrale Ereignis diesen Platz einnimmt. Die Reliefs der Außenplatten und der Innenplatten müssen auf das Geschehen im Zentrum des Opfergefäßes hinführen, das scheint mir gewiß zu sein. Wir sehen auf

diesem letzten Relief die Gestalt eines zusammengebrochenen, riesigen Stieres. Seine Hörner fehlen, sonst ist er unbeschädigt und naturgetreu abgebildet.

Auf seiner Stirne ist zwischen seinen Augen ein deutlicher, nach rechts verlaufender vierstrahliger Wirbel zu erkennen, der über die gerade gezogene Nasenlinie zwischen den Nüstern wie aus einer Mondsichel aufsteigt. Die Schwanzhaare wurden in der Gestalt einer Kornähre geflochten, auch das übrige Fell ist sorgfältig gestriegelt; der Hodensack tritt deutlich in Erscheinung. Dieses Tier war zu Lebzeiten das Musterbeispiel eines vollkommenen Stieres mit all seiner Stärke und Zeugungskraft, also ein auserlesenes Opfer an den Gott. Das Opfer ist wie ein Ebenbild des Gottes, dem es dargebracht wird. Es sieht aus, als läge es auf einer Blumenwiese, oder auf den Blättern des Waldes. Über dem Stier befindet sich in wirbelnder Bewegung nach links eine weibliche Gestalt, die als solche an ihren deutlich markierten Brüsten erkennbar ist. Sie zielt mit gezücktem Schwert auf das Tier, oder sie hat es bereits getötet. Vor ihr springt ein Hund ebenfalls nach links über den Rücken oder Nacken des Stieres dahin, ein Bote des Todes. Unter dem Opfer bewegt sich ein scheinbar lurchartiges Tier, von dem Hachmann annimmt, es handle sich um einen von oben gesehenen Hund. Und ganz rechts unten liegt unter den Hinterläufen des Stieres ein merkwürdig embryonal wirkender, zusammengerollter Hund auf dem Rücken. Seine Gestalt ist nicht plastisch ausgearbeitet, sondern nur in Ritztechnik angedeutet.

Der Stier ist in allen alten Kulturen ein Sinnbild für die Lebenskraft eines Schöpfergottes und für die Macht des dem Gott verbundenen Königs. Erinnert sei an den kretischen Stierkult, und an den weißen Apisstier der Ägypter, der selber eine Erscheinungsform des Schöpfergottes Ptah und des Gottes Osiris war, und er trug die Sonnenscheibe zwischen seinen Hörnern.

In Ägypten galt die das Land befruchtende Nilschwelle als „Gabe des Stieres". Der griechische Meergott Poseidon wurde auch tauromorph erlebt. Aus dem Rückenmark des Weltstieres der Mithras-Religion entsproß das Getreide, aus seinem Blut der Weinstock. In Babylonien hieß der weiße Stier Marduks das „Kalb des Sonnengottes“, und das „Goldene Kalb“ der Israeliten (A. T. 2 Mos, 32, 1–6) leitet sich von dem stiergestaltigen Bel der Assyrer ab. Der Stier wurde im Zusammenhang sowohl mit der Sonne als auch mit dem Mond gesehen, der beiden Gestirne, also, die in männlicher oder weiblicher Form für die Fruchtbarkeit von Pflanzen, Tier und Mensch wirksam sind. Weiße Stiere wurden dem Himmelsbeherrscher oder dem Sonnengott geopfert, schwarze Stiere den Todesgöttern.

Bei den Kelten hieß der Sonnengott der Oberen Welt Lugh, und der Gott der Unteren Welt und der Unterwelts-Sonne Donn, der Finstere, oder Cromm-Cruach. Diesen Göttern wurde der Stier geopfert, der ihr symbolisches Abbild war.

Wir erfuhren schon im Zusammenhang mit den Stieren Donn und Finn-Bennach, daß diese beiden „Staats-Stiere“ im Dienst der Königin Maeve von Connacht und des Königs Conchobar von Ulster standen. Der dunkelbraune Stier Donn ist ein Repräsentant der Unterwelts-Sonne; der Finn-Bennach mit seinen silbernen Hörnern vertritt den Mond. Zuletzt verfolgen sich beide Stiere bei Nacht um die ganze Insel herum. Die „Nachtsonne“ besiegt scheinbar den (weiblichen) Mond und schleudert dessen Körperteile „befruchtend“ über Irland. Aber auch der finstere Donn bricht bei Sonnenaufgang tödlich erschöpft zusammen. Auch sein Blut fließt befruchtend in die Erde, wenn das lichte Tagesgestirn die Erde und die Menschen „erwachen“, zur Bewußtheit „aufstehen“ läßt (sowohl der Sonnensohn CuChulinn, als auch alle Männer von Ulster stehen erst „mit der Sonne“ auf!).

Die männlichen Stierkräfte sind lebensnotwendig. Aber, wenn sie nicht im regelmäßigen Monden-Rhythmus sterben (geopfert werden), verhärtet das Leben. Diesen Opfertod des Urmännlichen vollzieht auf unserem Bild eine weibliche Gestalt. Es gab bei den Kelten Druidinnen, die nach antiken Berichten das Opferblut in großen Kesseln auffingen. Das Resultat des Opfers sehen wir angedeutet auf der Stirn und Nase des Stieres: Sonne und Mondenschale haben sich verbunden, ein Bild der versöhnlichen Befruchtung zu neuem Leben.

Vielleicht auch weist das Bild des nur angedeuteten „Embryo“ in der Erde auf ein neu keimendes, verwandeltes Leben des Opfertieres, des Opfers und der Opfergemeinschaft hin.[13]

Das wäre die Botschaft, auf die, mehr oder weniger deutlich schon alle anderen Bilder des Kessels – von außen nach innen fortschreitend – hingewiesen haben.

Zum Abschluß möchte ich noch von den steinzeitlichen und bronzezeitlichen Gräbern erzählen, die überall auf der irischen Insel zu finden sind, deren berühmtestes New Grange ist. Dieser bronzezeitliche Hügel ist nicht keltischen Ursprungs, aber er wurde zur Zeit der Kelten zu einem besonderen Zentrum der „Anderswelt“ am Boyne-Fluß. Rund um den Tumulus von New Grange sind große Steine errichtet, welche mit Spiralmustern versehen sind, die teils im Sinne des Uhrzeigers, teils in Gegenrichtung verlaufen. In diesen Spiralmustern können wir Bilder des Sonnenlaufes sehen: der aufsteigenden Sonne in der ersten Jahreshälfte und der absteigenden Sonne in der zweiten Hälfte des Jahres, oder des Tages und der Nacht. Die Spirale kann aber auch – und das widerspricht der ersten Deutung nicht – Symbol eines urweiblichen Zyklus sein. Die Große Göttin bringt ihre Geschöpfe aus sich hervor, gewährt Entfaltung und nimmt sie nach der Involution des Alters im Tode wieder in sich auf. Mensch und Sonne gehören zusammen und erleiden im gleichen Verlauf ein ähnliches Schicksal.

In den gleichzeitig entstandenen ägyptischen Gräbern wird dieser Vorgang noch konkreter dargestellt und durch beigegebene Texte erläutert. Die früh-steinzeitlichen Darstellungen aber sind abstrakt und wortlos.

Der Eingang von New Grange schaut nach Südosten. Man kann das Grab beinahe aufrecht betreten. Ein langer, schmaler, etwas geknickter Gang führt ins finstere Innere. Von den zahlreichen Steinritzungen, die dort angebracht sind, sieht man ohne künstliche Beleuchtung nichts. Zuletzt stößt man auf drei Nischen, die kreuzförmig in den Fels gehauen sind. In ihnen befinden sich flache Steinschalen. Im Zentrum dieses Kreuzes stand eine besonders große Schale, die heute gewöhnlich auf einer der anderen Schalen abgestellt ist. Sie enthielt Reste einer Feuerbestattung.

Über der Eingangstür des Tumulus befindet sich ein schmales Fenster. Durch diesen Spalt dringt gewöhnlich kein Licht. Nur einmal im Jahr, zur Zeit der Wintersonnenwende, ereignet sich etwas, wovon die wenigen Menschen , die jedes Jahr zugelassen werden, zutiefst bewegt werden. Um diese Zeit wird die zentrale Schale wieder an ihren ursprünglichen Platz gestellt. Und an etwa fünf Tagen, um die Zeit der Wintersonnenwende, vom 18. bis 22. Dezember, dringen die Strahlen der aufgehenden Sonne durch jenes Fenster ins Innere des Grabes, und zwar so, daß der Lichtstrahl im Verlauf von etwa 14 Minuten die zentrale Schale trifft und langsam von deren einem Rand zum anderen wandert. Danach herrscht wieder schwarze Nacht.

Man hat oft versucht, dieses Ereignis zu fotografieren – aber kein äußeres Bild vermag das wiederzugeben, was sich hier als Symbol für Augenblicke sichtbar ereignet. Es kann nur im Innenraum des Grabes wahrgenommen werden.

Wenn wir uns das eben beschriebene Bild von dem Leben erweckenden Sonnenstrahl in der Totenschale von New Grange genau vorstellen, dann fällt uns vielleicht auch die Ähnlichkeit mit dem kleinen Symbol auf der Stirn und der Nase des toten Stieres auf. Und wenn es klar geworden ist, daß dieses Symbol nur in einem finsteren „Innenraum“ aufleuchtet, dann werden wir auch auf unser eigenes Innere verwiesen. Das „Opfer“ ist ein Geheimnis, welches in unserer Seele reifen muß, im verborgenen Raum.

Anmerkungen

1 Ingeborg Clarus, Keltische Mythen, Der Mensch und seine Anderswelt, Walter-Verlag, 1991
2 Ich verwende die meisterliche Übersetzung des Kymrischen Textes von Martin Buber: „Die vier Zweige des Mabinogi". Der Titel der wiedergegebenen Sage heißt: „Branwen, die Tochter Llyrs". Insel-Verlag 1922
3 Die Kwakiutl leben an der Nordwestküste von Nordamerika.
4 Frederik Hetmann, Märchen aus Wales, S. 122, Diederichs, 1982
5 Clarus, Keltische Mythen, S. 307–320
6 Zitiert nach R. Grosse, Der Silberkessel von Gundestrup, S. 9 ff (Stuttgart, 1983)
7 Über den Kesselkern wurde außen und innen je eine Schicht mit den Relief-Platten gelegt.
8 Vgl. Grosse, Der Silberkessel von Gundestrup, Stuttgart, 1983
9 Hatt, J. J. (zitiert nach: Lexikon der keltischen Mythologie, S. 277–279, Diederichs, 1992)
10 Die Definition von „rechts" und „links" folgt stets der rechten und linken Hand des Betrachters. Außerdem verläuft die Bahn der Sonne über den Höhepunkt im Süden (entgegengesetzt wie der Blick des modernen Lesers der Landkarte, der nach Norden orientiert ist).
11 Grimnirs Lied (32) und Thule II, S. 83 und Germanische Götterlehre von Ulf Diederichs, Anm. S. 50. Die Wölfe Skoll und Hati fressen Sonne und Mond, S. 92: Der Fenriswolf verschlingt Blitze und frißt den Gott Odin im Kampf des germanischen Weltunterganges.
12 Otto Keller: „Thiere des klassischen Alterthums in kulturgeschichtlicher Beziehung, Innsbruck, 1887
13 Um 2000 v. Chr. fand eine markante astronomische Wende statt, nämlich der Übergang des Sonnen-Frühlingspunktes aus dem Sternbild des Stieres in das des Widders. Das bedeutet zugleich den allmählichen Wechsel von der kultischen Darbringung des Welten-Stieres zu dem des Widders. – Bildlich wird das z. B. im Alten Ägypten um die Zeit zwischen dem Mittleren zum Neuen Reich dargestellt. Der Neue Sonnengott heißt nun Amun, er erscheint unter anderem auf der Prozessionsstraße zwischen den Tempeln von Karnak und Luksor.
Die nächste Wende dieser Art ereignet sich um unsere Zeitwende: Da wird bildhaft von der Opferung des Gottes-Sohnes als dem „Lamm Gottes" gesprochen. In unserem Zusammenhang verweist die Zeit um 2000 v. Chr. auf das Ende der Mittleren Steinzeit. – Könnte es nun sein, daß die archaischen Bilder des Kessels von Gundestrup und ihre Hinführung zum Stier-Opfer etwas darüber aussagen, aus welcher Stufe des menschlichen Kultus sie stammen – daß sie also ihre Wurzeln in der Zeit zwischen 4000 und 2000 v. Chr. haben, in welcher die Entstehung der Megalith-Tempel angeommen wird? Dann wären die Reliefs des Gundestrup-Kessels eine späte Darstellung aus der steinzeitlichen Epoche eines Sonnenkultus.

Literatur

Das „Buch von der Gelben Kuh" (Book of the Dun Cow, Ms. um 1100)
Die vier Zweige des Mabinogi (übersetzt von Martin Buber), S. 45 ff. (Insel-Verlag 1922)
Clarus, Ingeborg, Keltische Mythen, Walter Verlag, 1992
Eliade, Mircea, Mysterium der Wiedergeburt, Frankfurt, 1988

Boron, Robert de, Die Geschichte des Heiligen Gral (übersetzt von Konrad Sandkühler, Stuttgart, 1958
Jung, Emma, und Franz, Marie Luise, Die Gralslegende in psychologischer Sicht, Walter, 1971
Eschenbach, Wolfram, Parzival Darmstadt 1963
Hachmann, Rolf: Gundestrup-Studien (Bericht der Römisch-Germanischen Kommission des Deutschen Archäologischen Instituts in Frankfurt/Main, Zabern, 1991, S. 565–903)
Lurker, Manfred, Wörterbuch der Symbolik Kröner, 1985
Silvia und Paul F. Botheroy, Lexikon der Keltischen Mythologie, Diederichs, 1992
Thurneysen, Rudolf, Keltische Sagen aus dem alten Irland, S. 61–67 Wiesbaden, 1984
Hetmann, Frederik, Märchen aus Wales, Diederichs 1982

6 DIE BEIDEN OPFER DES GERMANISCHEN GOTTES ODIN

Odin ist der Oberste Gott der Asen, der zweiten germanischen Göttergeneration. Er ist der Vertreter des kriegerischen Adels.

Vor den Asen herrschte der bäuerliche Stamm der Wanen. Die Tradition des Wanen-Geschlechts und diejenige der Ur-Riesen lebte im Geschlecht der Asen und in den von den Asen erschaffenen Menschen weiter. In der kriegerischen Auseinandersetzung dieser Generationen wirkt die Weisheit der Vorzeit als neue Begegnung und Befruchtung der Kulturgeschichte weiter.

Odins Gestalt wird als groß und geheimnisvoll geschildert. Er trug einen weiten, nachtblauen Mantel und einen großen Schlapp-Hut, der die Hälfte seines Gesichtes verdeckte. Seine Waffe ist der Speer. Oft wandert er unerkannt durch die Lande. Überall beobachtet er die Menschen, die Elementargeister und die Reifriesen der Vorzeit. Und überall ist er auf der Suche nach neuer Erkenntnis, die auf der germanischen Bewußtseinsebene noch durchaus magischen Charakter trug. Seine Opfer wurden erhängt.

Seine Schutzbefohlenen waren die kämpfenden Männer, die er zu sich nach Walhall berief, damit sie ihm im letzten Kampf des Unterganges der germanischen Welt beistehen.

Um sein Selbst-Opfer, bei welchem er die zauberkräftigen Runen gewann, und um das Opfer seines Auges, mit welchem er die Weisheit aus dem Quell des Riesen Mimir erlangte, kreisen die beiden Gedichte aus der Edda, die nun betrachtet werden sollen.

In dem berühmt gewordenen Runen-Gedicht (Thule II, S. 170 – 172)[1] erfahren wir von Odins Selbst-Opfer. Dort spricht der Gott:

Strophe 2:

„Ich weiß, daß ich hing, / am windigen Baum / neun Nächte lang, / mit dem Ger verwundet, / geweiht dem Odin, / ich selbst mir selbst, / an jenem Baum, / da jedem fremd, / aus welcher Wurzel er wächst.

Strophe 3:

Sie spendeten mir / nicht Speise noch Trank; / nieder neigt' ich mich, / nahm die Stäbe auf, / dann stürzte ich herab.

Strophe 4:

Zu wachsen begann ich / und wohl zu gedeihen, / weise ward ich da; / Wort mich von Wort / zu Wort führte, / Werk mich von Werk / zu Werk führte.

Strophe 5:

Neun Hauptlieder / lernt' ich vom hehren Bruder / der Bestla, dem Bölthorns Sohn. / Von Odrörir / dem edelsten Met / tat ich einen Trunk.

Strophe 6:

Runen sollst du lernen, und rätliche Stäbe, / Stäbe gar stark, Zeichen zauberkräftig, / wie sie wirkten die Weihegötter, / wie sie ritzte der Raterfürst."

Der Text, der sich mit dem Opfer Odins am „Galgen" der Weltesche Yggdrasil befaßt, erscheint zunächst sehr undurchsichtig, und er wird rein rational nicht erklärbar sein, weil er einer anderen Bewußtseinsebene entstammt, als unsere heutige Sprache es auszudrücken vermag.

In der Strophe 2, der ersten unserer Wiedergabe, lesen wir, wie der Gott „neun Nächte lang" am windigen Baum hing – eine Zeit, nach deren Verlauf ein Mensch ganz unwiederbringlich tot ist. Nach dieser Zeit ist gewiß nichts mehr von seiner ursprünglichen Gestalt so, wie es vorher war.

Die Schilderung dieser neun Nächte erinnert an sehr viele

Einweihungsriten, bei denen die Initianten drei Tage und drei Nächte als Schein-Tote in einem Sarg, oder in einer Gruft zu verbringen hatten und nicht wußten, ob sie diese und andere Prozeduren lebend überstehen würden. Die Zahl Neun besteht aus dreimal Drei, sie stellt eine höchste Steigerung dar.

Neun Tage sind eine Zeit, von welcher die Ärzte vor der Ära der Antibiotika noch sehr genau wußten, daß es eine Krisenzeit ist: Am neunten Tag wurde z. B. die Krise einer Lungenentzündung erwartet, und das bedeutete die Wende entweder zurück ins Leben, oder zum Tod.

Die Neun gehört in früheren Kulturen in den Mond-Zyklus, der dreimal neun Nächte umfaßte, auf welche noch eine Nacht des „Dunkelmondes", also des verschwundenen, „toten" Mondes folgte.

Parallel dazu wird in Homers Odyssee berichtet, wie Odysseus, nachdem er über dem Todesstrudel der Charybdis an dem „windigen", schwankenden Geäst eines Feigenbaumes hing, anschließend neun Tage und Nächte, nur an einen sehr dürftigen Rest seines Schiffes geklammert, im Meer umhertrieb. Dann landete er endlich am Gestade der Insel der zunächst hilfreichen Nymphe Kalypso.

Odin hängt am Baum, er ist völlig entkräftet und „tot". *Wie* er sich dann niederneigt, wird nicht geschildert. Man kann nur versuchen, sich vorzustellen, wie er schließlich „kopf-unter" hing. Der Kopf kann nicht mehr hochgehalten werden. Aber, indem er – symbolisch gesehen – seinen Kopf „aufgibt", entdeckt er etwas unter sich auf dem Erdboden, was ihm Hilfe verspricht, und wonach er mit beiden Händen tasten muß, um es zu ergreifen. Das sind jene geheimnisvollen Stäbe, die man Runen nennt. Danach stürzt Odin vom „Galgen" herab.

Die Runen vermitteln ihm ein neues Wissen magischer Art. In dem Kommentar von Andreas Heusler lesen wir[2]: „Die Runen dienen ... als magische Sinnbilder mit Kräften der Abwehr des Schadens. Wer diese Zeichen in seiner Gewalt hat, herrscht als Zauberer über die Kräfte der Welt".

In unserem Text steht aber noch mehr: Odin war mit dem

„Ger“, dem Speer verwundet, welchen er selber als seine Waffe trug, und den er selber oder die ihn vertretenden Heerführer über ein feindliches Heer zu schleudern pflegte, als Zeichen für die bevorstehende Vernichtung jenes Heeres. Das bedeutete aber nicht einfach, daß der Sieg auf Seiten dessen stand, der den Speer als Erster warf, sondern auch, daß die Gefallenen dieser Schlacht dem Odin „geweiht“ waren und nach ihrem ehrenvollen Tod nach Walhall geleitet wurden, eben in das Gefolge des Gottes.

Odin nimmt im Bild des Runengedichtes selber das Opfer auf sich, welches er von den Menschen erwartet, die in seine Gefolgschaft aufgenommen werden wollen, oder die dazu ausersehen sind. Odin ist selber „gezeichnet“, und er hängt, hilflos ausgeliefert, im Gezweige der Weltenesche Yggdrasil, die als „Pferd Odins“ bezeichnet wird. – „Yggr“ (althochdeutsch „der Schreckliche”) ist einer der Beinamen des Gottes. Und „Drasil“ bedeutet das Pferd.[3]

So kann „der Galgen als Pferd des Gehängten aufgefaßt werden“, also „Odins Galgen, an dem er bei seinem Selbstopfer hängt“.[4]

Der Weltenbaum als Weltachse oder Himmelsstütze spielt nicht nur im Germanischen Mythos, sondern in allen schamanischen Religionen eine zentrale Rolle.[5] Der Schamane ist der Zauberer seines Stammes. Er steigt in seiner Trance auf diesen Baum, um „im Himmel“, oder von den Stammesgeistern zu erfahren, was der menschlichen Gemeinschaft nottut, die aus irgendeinem Grunde auf ein totes Geleise geraten ist. Die Voraussetzung für die schamanische Fähigkeit wird in Einweihungsriten erworben, in welchen der Mensch seine völlige „Zerstückelung“ erlebt hat, nach der nichts mehr so ist wie vorher im profanen Leben.[6]

Der Weltenbaum der Germanen aber ist das Geheimnis „des Baumes, da jedem fremd, aus welcher Wurzel er wächst“. Zwar werden drei Wurzeln genannt, die aus sehr verschiedenen Bereichen stammen, aber eben diese Bereiche liegen außerhalb von Midgard, sie sind den Menschen nicht zugänglich.

Die erste Wurzel liegt bei den Göttern in Asenheim, und unter ihr befindet sich der Urd-Brunnen, der Schicksalsbrunnen, an welchem die Nornen ihre Schicksalsfäden spinnen, und die Asen ihre Beratungen abhalten.

Die zweite Wurzel befindet sich im Land der Reifriesen. Unter ihr quillt der Brunnen der Weisheit, der Quell Mimirs empor, auf welchen wir im nächsten Abschnitt näher zu sprechen kommen.

Die dritte Wurzel der Weltenesche liegt in Nifelheim, und unter ihr sprudelt Hwergelmir, der „brausende Kessel", aus dem die Flüsse der Welt entspringen. In dieser Quelle haust der Drache Niddhöggr, der „haßerfüllt um sich Schlagende". Er ist der Todesdrache, der die Wurzel Yggdrasil von unten benagt.

Der Weltenbaum ist ein Schicksalsbaum, und gleich dem Naturbaum, so hat auch unser Schicksal mehrere Wurzeln, durch die wichtige Kräfte der verschiedensten Dimensionen bis in die Krone emporsteigen. Dem Schicksal sind in fast allen Religionen mit anthropomorphen Gottesvorstellungen nicht nur die Menschen, sondern auch die Götter unterworfen: der Mensch in seinem persönlichen Erdenleben, die Götter während einer Kulturepoche. Keine bewußte Existenz vermag ohne Vergangenheit zu leben und Frucht zu tragen. Die Weisheit der Vergangenheit wird im germanischen Mythos durch die Zwerge und durch die Reifriesen vertreten, aus deren Substanz einst die Welt der Asen und des Midgards der Menschen gestaltet wurde.

Die dritte Wurzel unseres menschlichen Seins ist die Erfahrung des Todes, und die Frage, wie der Mensch mit seiner auf Erden begrenzten Zeit umzugehen lernt. In unserem Text wird berichtet, daß aus der finsteren Welt Nifelheims die „Flüsse der Welt" entspringen, und das heißt, die Wasser des Lebens *und* des Todes. Nun sehen wir den Gott Odin in seiner hoch aufragenden, finsteren Gestalt vor uns; im nachtblauen Mantel, mit dem Hut, der das halbe Gesicht verdeckt, mit zwei schwarzen Rabenvögeln auf den Schultern, und begleitet von zwei Wölfen. Dieser Gott ist kein Gott des Lichtes, sondern ein Nacht-Gott. Er spricht mit den Vertreterinnen der Vorzeit, z. B. mit der Völva. Er forscht nach den dunklen Eigenschaften der Menschen, deren Unverlässlichkeit er durchschaut, und er geht bewußt auf sein eigenes Ende zu, welches gleichzeitig das Ende einer Weltzeit ist. Im Ragnarök stellt er sich dem verschlingenden Fenris-Wolf. Nur seinem Sohn Balder flüstert er sein Erbe ins Ohr, bevor dieser nach seinem Tod aus dem großen Meer der Unbewußtheit zurückkehrt. Wenn Odin ein Nacht-Gott ist, der sich dem Monden-Rhythmus unterordnet, so bedeutet das nicht, daß er über kein Bewußtsein verfügt. Im Gegenteil, sein Bewußtsein reicht in große Tiefen der Vergangenheit, und er versucht, die vergangene Welt in seine Gegenwart mit Hilfe der Zauberwelt der Runen zu integrieren. Dies sind magische Mittel, mit deren Hilfe er in seiner Epoche zu herrschen vermag.

Yggdrasil heißt auch „Odins Pferd", weil sein Geäste den Gehängten in die Höhe schleudert, wobei er sein *altes* Bewußtsein verliert. In diesem Zustand hängt er in luftigen Höhen, in einer geistigen Dimension, in welcher sich zunächst Leib und Seele trennen. Das ist wie eine „Zerstückelung", durch welche eine überlebte Seinsform (jene der Reifriesen) sterben und umgestaltet werden soll. In dieser Situation spürt der Gott Odin[7], der das Opfer des „Hängens" auf sich genommen hat, unter sich wieder die feste Erde. Völlig entkräftet entdeckt er die „Runenstäbe" am Boden. Er ergreift sie, und er be-greift die möglichen Wirkungen dieser Zauberstäbe. Andreas Heusler beschreibt in seinem Kommentar über die Runen[8]: „Was die Odinopfer erlitten, das hat der Gott selber einmal durchgemacht. Und dann, in höchster Not, erspäht er unter sich die lösenden Runen, und sein Mutterbruder (Mimir), der kundige Riese, lehrt ihn Zauberlieder und spendet ihm von dem Zauber-Met (Odrörir). Da erstarkt Odin zum Meister zauberischen Wortes und Werkes … Der Met Odrörir ist hier offenbar noch in seiner ursprünglichen Bedeutung gefaßt, als ein Trank, der Zauberkraft verleiht".

Wolfgang Golther[9] erklärt die Funktion der Runen folgendermaßen:

„Rune bedeutet zunächst Raunen, Geflüster, heimliche Rede … Zauberei, Sinnbild, Buchstabe (Buchen-Stäbe) – bildliche Umschreibung, die einfache Begriffe in Geheimnissen verbirgt, die nur der Eingeweihte versteht“.

Odin selber hat diese Sinn-Runen erdacht, das heißt ergriffen. Er verbirgt darin auch *sich* selber (er gibt sich nicht leicht zu erkennen). So wandert er in vielen Verkleidungen über die Erde und kehrt zum Beispiel in der Erzählung des Grimnir-Liedes bei dem König Geiröd ein, um dessen Gastfreundschaft zu erproben. Er nennt sich Grimnir, „Der Maskierte“. Weil er aber in dieser undurchsichtigen Gestalt erscheint, traut ihm Geiröd nicht über den Weg, der Fremde ist ihm unheimlich. Deshalb läßt er Grimnir-Odin acht Tage zwischen zwei Feuern rösten, ohne ihm Speise und Trank zu reichen. Am neunten Tag beginnt dann der maskierte Gott zu sprechen. In Sinn-Runen beschreibt er in großen Bildern die Welt der Götter, und zuletzt enthüllt er seinen wahren Namen:

„Ich wies dir vieles, / doch wenig verstandest du. / Dein Leben verlierst du nun. / Jetzt kannst du Odin sehen: / Nun komm, wenn du kannst!”

König Geiröd, der mit gezücktem Schwert der Rede des Fremden zugehört und nichts begriffen hatte, springt nun entsetzt auf, stolpert, und stürzt in sein eigenes Schwert.

Odin, der Todes- und Zaubergott ist stets gegenwärtig als Wanderer zwischen den Welten der Götter, der Menschen, und der Riesen, die im „Utgard“, der eigentlichen Außenwelt hausen. Er ist zu seiner Zeit ein Allgegenwärtiger, aber kein Allmächtiger. Sein Sturz vom Weltenbaum auf die hiesige Welt der Menschen, und sein Eintauchen auch in die Vergangenheit erscheint wie eine Inkarnation. Das ist sein Selbstopfer. Aber die Zukunft gehört ihm nicht mehr, auch nicht unsere Zeit!

Als letzte Strophen des Runenliedes betrachten wir die Verse Nr. 4 bis 6.

In 4. ist die Rede von dem „hehren Bruder der Bestla", dem Sohn Bölthorns. Der Riese Bölthorn (altnord. Unglücksdorn) war der Vater der Riesin Bestla, der Mutter der ersten Götter des Asengeschlechtes: Odin, Vili und Vé. Vili bedeutet „Wille", Vé meint ein Heiligtum. Es sind also drei Ausfaltungen des obersten Gottes Odin. Der „Bruder der Bestla" ist Odins Oheim mütterlicherseits, und dieser heißt Mimir. Dieser Vorfahre Odins, ein dem Asengeschlecht und speziell Odin zugetaner Riese (mit dem Wissen der Vorzeit) verwaltet den schon beschriebenen Mimir-Brunnen. In diesem Zusammenhang erfahren wir die Urform einer Erzählung über *Odrörir*[10], der meistens nur aus einer späteren Erzählung als „Dichter-Met" bekannt ist und von Odin aus dem Reich des Riesen Suttung geraubt wird. Dieser Odrörir, der „edelste Met" und dessen Weisheit wird nun Odin durch Mimir gespendet mit der Wirkung (Str. 5.):

„Zu wachsen begann ich / und wohl zu gedeihen, / weise wurde ich da ..."

Wir erfahren also, daß nach dem Hängeopfer und der „Auf-Findung" der Runen Odin dem Mimir begegnet, der ihm aus seinem Brunnen „vom edelsten Met einen Trunk" gewährte. Danach stellte sich der eigentliche Sinn des Opfers ein, das „Wachstum" einer neuen Bewußtseinsstufe, das „Gedeihen" neuer Möglichkeiten auf der Erde in Wort und Werk. Und so wird zuletzt den Menschen empfohlen (Str. 6.):

„Runen sollst du lernen ... / Wie sie zog der Zauberherr (Odin)".

Über reale *Hängeopfer,* die für Odin dargebracht wurden, berichtet eine Klage des Sängers Starkard[11], der versuchte, seinem König Gautrek dieses Opfer zu ermäßigen.

In der Sage von Gautrek wird berichtet, wie die Flotte des Urkönigs von Norwegen, Wikar, wegen ungünstiger Winde festlag. Deshalb befragte man das „Loos" und erfuhr, daß Odin ein Mitglied der Mannschaft als Opfer fordert, und daß Wikar zu diesem Opfer ausersehen ist. Alle sind betroffen, und der Sänger Starkard schlägt vor, das Opfer nur andeutungsweise zu vollziehen; aber dieser Plan mißlingt. Denn als der König den vorbereiteten hohen Block unter einer Föhre besteigt und sich eine an einem Ast befestigte Schlinge aus einem dünnen Kalbsdarm um den Hals legt, da erweist es sich, daß Odin selber im Spiel ist. Denn er war in der Gestalt von Starkards Pflegevater diesem bei Nacht erschienen, und hatte ihm als Ersatz für den Speer, mit dem die Opfer „gezeichnet“ wurden, einen Rohrstab übergeben. Mit diesem Stab nun berührte Starkard seinen König und sprach: „Nun gebe ich dich dem Odin“. Aber „alsbald wird der Stab zum Speer, der den König durchbohrt. Der Block fällt unter seinen Füßen, der Kalbsdarm wird zum starken Weidenstrang. Der Ast schnellt empor und hebt den sterbenden Wikar ins Gezweig.“ Es ist noch hinzuzufügen, daß Wikar schon bei seiner Geburt dem Odin „verlobt“ wurde. So vollzog der Spruch des Starkard ‚nun gebe ich dich dem Odin‘ nicht nur die Erfüllung des „Heimgangs zu Odin“,[12] der ja nicht nur die auf der „Wal“ Gefallenen, sondern auch die ihm bestimmten Hängeopfer zu sich nach Walhall aufnahm.

Aus der Erzählung über den König Wikar geht klar hervor, daß Odin sich mit keinem Scheinopfer begnügt. Er verlangt den Einsatz des ganzen Menschen mit Leib und Leben. Das ist letztlich der Sinn des Opfergedankens in allen Kulturen, der aber im Germanischen besonders deutlich ausgesprochen wird.

Der Gott benötigt die Mithilfe der Menschen vor allem dann, wenn das Schicksal auf den Untergang der Schöpfung zutreibt. Offenbar wird die Neugeburt der Welt nach dem Untergang nur unter der Voraussetzung möglich, daß alle ihr Leben in dem aussichtslosen Kampf gegen die Mächte des Chaos einsetzen. Diese Forderung galt damals im wörtlichen Sinn des Kampfes mit den kriegerischen Waffen. Der Mythos kennt nur solche realen Vergleiche.

Für uns Heutige bleibt zu überlegen, ob der „Einsatz des Lebens“ in unseren Tagen nicht etwas anderes zu bedeuten hat. Für diese Besinnung verweise ich auf das, was ich bereits anläßlich der Betrachtung des Abraham-Opfers geäußert habe. Nur eines steht fest: Ohne vollen Einsatz wird auch in unserer kritischen Situation am Ende des 20. Jahrhunderts nichts Neues wachsen können.

Odins Augen-Opfer

Bereits in dem Kapitel über den Sinn der Blendung machten wir uns Gedanken darüber, was das „Sehen" mit einem oder mit zwei Augen zu bedeuten haben kann. Dieser Frage wollen wir nun am Beispiel von Odins Opfer seines *einen* Auges noch einmal neu nachsinnen.

Odins Augenopfer am Brunnen des Mimir ist eine andere Version der Suche des Gottes nach Weisheit.

Es wird berichtet, daß Odin die Seherin Völva beauftragte, den Menschen ihr Wissen über die Vorzeit der Götter mitzuteilen. In den Strophen 16–18[13] wird nun die Geschichte von Odins Auge erzählt. Die Völva spricht:

„16. *Ich weiß Heimdalls / Horn verborgen / unter'm heiligen / Himmelsbaume; / drauf sah ich's fallen / in feuchtem Sturz / aus Walvaters Pfand –*

17. *Ich saß einsam draußen / als der Alte kam. / Der hehre Ase, / und ins Auge mir sah: / Was fragst du mich? / Was forschst du bei mir? / Ich weiß, Odin, wo dein Auge du bargst.*

18. *Ich weiß Odins Auge verborgen in Mimirs Quell, / dem märenreichen, / Met trinkt Mimir jeden Morgen / aus Walvaters Pfand."*

Über den Zusammenhang dieser dunklen Strophen erfahren wir in der Erzählung über Gylfis Betörung"[14] etwas mehr:

Der König Gylfi machte sich auf nach Asenheim, um dort Näheres über das Göttergeschlecht zu erfahren. Er nannte sich Gangleri (Wildniswanderer), bat um ein Nachtquartier und stellte seine Fragen an drei Gestalten, die er dort auf Hochsitzen thronend antraf. Sie hießen „Hoch", „Ebenhoch" und

„Dritt", und diese Dreiheit verkörperte offensichtlich die drei Ausfaltungen des obersten Gottes Odin. Gangleri erfährt hier von den drei uns schon bekannten Wurzeln der Weltenesche und von den Brunnen, aus denen diese Wurzeln gespeist werden. Besonders *Mimirs* Brunnen wird erwähnt, „in dem Scharfsinn und Verstand verborgen sind". Mimir ist der Besitzer, und er ist voller Weisheit, weil er aus dem Brunnen trinkt mittels des Hornes Gjallarhorn. Dorthin kam eines Tages Allvater und verlangte einen Trunk aus dem Brunnen, bekam ihn aber erst, nachdem er sein Auge als Pfand hinterlegt hatte. Dies ist der Inhalt der Strophe 16, die mit der Erzählung von *Heimdalls Horn* beginnt. Heimdall ist der Wächter der Götter an der Brücke Bifröst, die Asgard und Walhall von den übrigen Bereichen der Welt trennt, und sie gleichzeitig verbindet. Auf seinem Horn Gjallarhorn wird Heimdall blasen, wenn er den Ansturm der Bergriesen zu Beginn des Weltunterganges Ragnarök bemerkt.

Die Etymologie von Heimdalls Namen ist noch unklar. Rudolf Simek[15] hält die Deutung von Heimdalls Namen mit der Umschreibung „Der die Welt beleuchtet" für möglich. An diese Namensdeutung kann man die Vermutung anschließen, daß Heimdall mit seiner Leuchtkraft ein Antipode des dunklen, geheimnisumwobenen Odin sein kann. Dennoch gibt uns das Gjallarhorn (das laut tönende Horn), das unter dem Weltenbaum liegt, noch etliche Rätstel auf. – Bei den Germanen hatten die Hörner häufig die Doppelfunktion als Trinkhorn und als Blasinstrument. – Nun fällt Gjallarhorn auf geheimnisvolle Weise „in feuchtem Sturz aus Walvaters Pfand", also aus Odins Auge. Und es wird erzählt,[16] daß der Hüter des Brunnens ursprünglich mit Hilfe jenes Hornes die Weisheit aus seinem Brunnen trank. Ebenso aber weiß die Sage:[17] „Met trinkt Mimir jeden Morgen aus Walvaters Pfand", und dieses Pfand ist Odins Auge. Also haben Gjallarhorn und das Auge etwas miteinander zu tun.

Odins Auge befindet sich in Mimirs Quell, und ebenso muß das Trinkhorn in den Brunnen eingetaucht werden, wenn man mit ihm aus dem heiligen Born schöpfen will (wenn es nicht schon vorher, wie das Auge „in feuchtem Sturz" in das Wasser gefallen war).

Heimdall sieht und hört ungewöhnlich gut. „Er sieht gleich gut bei Tag und bei Nacht, hundert Meilen weit. Auch hört er, wenn das Gras wächst und die Wolle auf den Schafen..."[18]), d. h., daß seine Sinnes-Antennen weiter reichen, als unsre gewöhnlichen Augen und Ohren.

Heimdall, der „Weiße Ase" ist „groß und heilig", und er wurde „von neun Mädchen geboren". Diese Aussage läßt darauf schließen, daß er der Sohn einer „Großen Jungfrau", einer unberührbaren All-Mutter ist. Er stammt aus dem Geschlecht der Wanen, und er kann als ein Vorgänger Odins gelten. In der Sage sind die Menschen seine Kinder.

Wenn nun der Name des weit hörenden und weit sehenden Heimdall mit „der die Welt beleuchtet" umschrieben werden kann, dann rücken sich das Gjallarhorn und Odins Auge insofern näher, als sie als Repräsentanten für zwei Sinnes- und Bewußtseinsfunktionen betrachtet werden können: für Hören und Sehen.

In diesem Zusammenhang mag es interessant sein zu erfahren, daß das allererste Sinnesorgan, welches beim menschlichen Embryo funktioniert, das Gehör ist. Nach der Geburt dauert es bekanntlich noch eine Weile, bis ein Menschenkind seine Augen voll öffnet, und noch länger, bis es fähig wird, mit *zwei* Augen räumlich, und zugleich unterscheidend zu sehen. Die Funktion des Gjallar-Horns weist also auf die frühere Wahrnehmung hin als das bewußte Sehen mit zwei Augen. Wenn die *beiden Augen* mit Sonne und Mond verglichen werden können, den beiden „Lichtern der Welt", dann werden wir auf das im Brunnen Mimirs versunkene Monden-Auge Odins verwiesen, welches er als „Pfand" (also vorübergehend) opfern muß, um eine neue rationalere Bewußtseinsstufe zu erlangen. Denn Odin, dessen offenes, „forschendes" *(eine)* Auge beschrieben wird, wandert durch alle Reiche dieser Welt, um das ihm mögliche „Wissen" zu erlangen. Sein Bewußtseins-

Auge also behält Odin zur ständigen Verfügung, kompensatorisch zu seinem Nachtmantel und dem verhüllenden Schlapphut. Das andere, das verdeckte Auge, aus dem Mimir jeden Morgen trinkt, erinnert in seiner Schalen- oder Becherform eher an den abnehmenden oder zunehmenden Mond, also an diejenige Hälfte des Nachtgestirnes, welche bei zunehmendem oder abnehmendem Mond sein Licht von der Sonne empfängt. Wenn wir in dieser Gestalt ein Bild des realen Mondes sehen wollen, dann nehmen wir durchaus etwas Richtiges wahr. Denn wenn am Morgen im Osten die Sonne aufgeht, dann versinkt im Westen der volle Mond, oder wenn im Westen die Sonne zur Zeit des zunehmenden Mondes versinkt, dann folgt ihr unmittelbar die schmale Sichel des zunehmenden Mondes. Es gibt also nur kurze Zeiten, zu denen der volle Mond und die Sonne sich die Waage halten – Zeiten, in welchen wir vergleichsweise mit „beiden Augen" gleich gut sehen. Während der überwiegenden Übergangszeiten trinkt Mimir aus der Schale des Nachtgestirns, dem „Pfand Odins", und das vermittelt beiden die Weisheit aus der Vergangenheit, also des Überganges zwischen den Bewußtseinsebenen zweier Weltalter. Das Gjallar-Horn aber gehört zur frühesten menschlichen Erinnerung, dem Hören des Lebensnotwendigen. Odin aber steht in Gefahr, in der Welt des Vorzeitwissens zu versinken. Da bedarf es des laut schallenden Rufes des Gjallar-Hornes, das Odin mahnt: Wach auf, öffne deine beiden Augen, damit du die Gefahr des nahenden Unterganges erkennst. Benutze dein Sonnen-Bewußtseins-Auge *und* dein Monden-Instinkt-Auge. Nur mit beiden Augen wirst du standhalten können – auch dann, wenn du weißt, daß du den bevorstehenden Kampf nicht überleben wirst.

Das Wissen der „beiden Augen" ist nicht eindeutig, sondern vielschichtig, und das kann uns leicht in Zwiespälte stürzen, denen wir zu erliegen drohen.

Odin ist nach allem, was wir von ihm wissen, ein Gott des Zwiespaltes, was besonders deutlich wird in seiner nahen Beziehung zu dem „Diabolos", dem alles „Durcheinanderwerfer" der germanischen Götter: Loki. Loki führt den Kampf des Weltenunterganges an, in welchem eine alte Zeit zusammenbricht, und niemand weiß, ob es danach noch, oder wieder, ein neues Leben geben wird.

Wie die germanischen Menschen mit dem Zwiespalt des Odin – und in ihrer eigenen Brust – zurecht zu kommen versuchten, erfahren wir in einem Bericht über den Besitzer des Weisheitsbrunnens, Mimir, und seines Zaubertrankes Odrörir.

Mimir und der Zaubertrank Odrörir

Mimir war „bei allen Germanen ein Geist der Gewässer, der im Schatten heiliger Bäume hauste".[19] Der Name dieses weisen Riesen der Vorzeit bedeutet „der Denker, der Erinnerer".[20] Wir haben außerdem bereits erfahren, daß Mimir ein Bruder der Mutter Odins (Bestla) war, und daß er zu Odin, anders wie alle anderen Riesen, in einer besonderen, freundschaftlichen Beziehung stand. Odin holte sich später bei „Mimirs Haupt" Rat, besonders, als das Weltende nahte.[21] Es ist uns auch bekannt, wie Mimir durch die Wanen enthauptet wurde, und wie das weissagende Haupt zu Odin zurückkehrte. Und in Odins Runen-Gedicht (Strophe 4) wird erwähnt, was der geheimnisvolle Met der Asen ursprünglich mit Mimirs Quell zu tun hat.[22]

Nach dem ersten Krieg der Germanischen „Geschichte" zwischen Asen und Wanen, der ergebnislos verlief, wurden Geiseln ausgetauscht. Die Asen entsandten Hönir, dessen mangelnde geistige Gaben kompensiert werden sollten, und zwar durch Mimir, der als Begleiter mitgeschickt wurde. Als aber die Wanen diesen „Betrug" bemerkten, enthaupteten sie Mimir und schickten das Haupt zu Odin zurück. Odin machte Mimirs Haupt unvergänglich und pflegte weiterhin Rat mit demselben.

Wie der Ur-Met zum berauschenden Getränk der Dichter wurde, berichtet ein Text mit der Überschrift „Dichtersprache"[23]: In jenem ersten Krieg, der in die damalige Welt kam, ging es um den Zwist zweier Lebensformen, nämlich um den bäuerlichen Stil der Wanen, und den kriegerischen Stil der Asen. Da dieser Krieg nicht zu entscheiden war, beschlossen beide Parteien einen Vergleich. Zum Zeichen dieses Vergleiches taten sie das, was auch die Menschen späterer Zeiten bei feierlichen Anlässen taten: Sie brauten in einem großen Kessel ein Getränk, zu dessen Gärung beide Parteien (oder alle Teilnehmer des Festes) ein Ferment in Gestalt ihres Speichels beitrugen. Dieses Fest wird bei den Menschen als „Blôt" gefeiert, und während dieser Feier galt ein absoluter Friede.

In der Beschreibung des Krieges zwischen Wanen und Asen erfahren wir lediglich, daß die beiden Parteien von dem Gebräu getrunken haben, und danach nahmen die Asen dieses „Friedensdenkmal" mit sich nach Asgard, „da sie es nicht verlorengehen lassen wollten. Und sie schufen daraus einen Menschen, der heißt *Kwasir*". Kwasir war so klug, daß er keinem Fragenden eine Antwort schuldig blieb. So zog er lehrend durch die Welt, bis er zu zwei heimtückischen Zwergen kam, die Fjalar und Galar hießen. Der Name des Fjalar deutet auf Schlauheit und Klugheit, aber auch auf einen „Verberger" und „Betrüger" hin.

Diese beiden Zwerge lockten Kwasir in einen Hinterhalt und erschlugen ihn. Sein Blut ließen sie in zwei große Schüsseln und in einen Kessel rinnen, und dieser Kessel und sein Inhalt heißen Odrörir. Sie vermischten das Blut des Kwasir mit Honig, und daraus entstand der Met, den man nur zu trinken braucht, um Skalde oder Gelehrter zu werden. – Den Asen erzählten die Zwerge, daß Kwasir in lauter Verstand ertrunken sei. Der reine Verstand wird aber erst mit dem Honig versetzt und vergoren zur Weisheit verwandelt.

In einer umständlichen Geschichte erfahren wir anschließend, wie das kostbare Getränk in den Besitz des Riesen Suttung kam, und wie es Odin mit List von dort wieder nach Asgard brachte, und dann unter Göttern und Menschen verteilte.[24]

Das Weisheitsgetränk entstand aus dem Blut eines Menschen, der erschlagen wurde. Der erschlagene Kwasir wurde aber ursprünglich von den Asen aus einem Friedensgetränk erschaffen, welches den Ausgleich der zunächst unvereinbar erscheinenden Gegensätze bekräftigen sollte. Aber sowohl der Ackerbauer, wie auch der „Krieger“ (im recht verstandenen Sinn) benötigen einander. Denn der Krieger kann ohne das Brot des Bauern nicht leben, und er soll dafür den Ackerbauer vor feindlichen Übergriffen beschützen. Es gibt also eine neue, konstruktive Möglichkeit miteinander zu leben, wenn die Vertreter der Gegensätze wirklich miteinander ins Gespräch kommen.

Die Erkenntnis, welche aus der Ergänzung der Ratio durch das Wissen aus der Tiefe (der alten Fruchtbarkeitskulte) hervorgeht, hat mit der neu erworbenen Weisheit aus Mimirs Brunnen zu tun.

Die *eine* Wurzel dieser Weisheit ist die Opfergabe Odins, und sie wird im Bilde von Odins *Auge* dargestellt. Die andere Gabe Odins aber sind die *Runenstäbe,* die er durch sein Hängeopfer erworben hat, und die er in den Brunnen der Tiefe versenkte. Eben durch diese Mischung wurde Mimirs Wasser zum vollständigen Weisheitsquell. Das neu erworbene Verstandeswissen (welches zur damaligen Zeit magischen Charakters war) und die Überlieferung aus grauer Vorzeit, wurde in Mimirs Quell zu einer neuen Einheit verbunden.

Zuletzt blieb nur noch das Haupt Mimirs, mit dem Odin seine Beratungsgespräche pflegte. Dieses Bild zeigt deutlich, daß es sich bei diesen Gesprächen um nichts Persönliches handelte, sondern um die Erfahrung eines Kollektivwissens, welches von einer Periode der Welt zur nächsten weitergegeben wurde, also ein mythisches Wissen, das nicht verloren gehen darf, wenn sich zwei Kulturperioden ablösen.[25]

Wenn wir einen Vergleich ziehen wollen zwischen dem, was im germanischen Mythos als „Augenopfer“ beschrieben wird, und dem aus der Sicht des griechischen Mythos von der Selbstblendung des Oidipus, so kann man sagen, daß die magisch-germanische Sicht ganz in dem Kollektivbewußtsein ihrer Kultur eingebettet war. Wenn die germanischen Sagen von der kriegerischen Gefolgschaftstreue ihrer Helden erzählen, so wird damit im wesentlichen die Schicksalsbestimmung einer archaischen Volksseele beschrieben. Im Gegensatz hierzu berichtet die griechische Mythe um Oidipus das Ringen eines Einzelnen um eine ganz andere Art von Weisheit. Die Griechen standen nicht in der Gefahr, wie Odin im „Nachtwissen" der Vergangenheit zu versinken, sondern sie hatten damit zu kämpfen, daß ihnen durch die – in der klassischen Epoche ihrer Kultur erwachten Verstandeskräfte – nicht der ebenso notwendige Blick nach innen verlorenging. Und das ist eine Aufgabe, die uns Menschen des ausgehenden 20. Jahrhunderts neu gestellt wird, wenn wir überleben wollen. Bei uns geht es in erster Linie um persönliche Opfer, ohne die keine kollektiven Wandlungen möglich sind.

Anmerkungen

1 Meine wichtigsten Quellen für die Bearbeitung der Texte waren: Sammlung Thule: 1. Die Lied-Edda, übertragen von Felix Genzmer, und die jüngere Prosa-Edda, in der Übersetzung von Felix Niedner, Thule XX, 1925. Diese Prosa-Edda wurde durch den Isländer Snorri Sturluson um 1200 n.Chr. ergänzend nach älteren Quellen zusammengestellt, die in Dänemark bereits zwischen dem 6. Und 8. Jahrhundert entstanden sein mögen. – Die Lied-Edda wurde durch Andreas Heusler (in Thule II, 1922) mit Anmerkungen versehen. Die gesamte Reihe Thule erschien bei Diederichs, Jena, 1922–1925.
2. Handbuch der Germanischen Mythologie von Wolfgang Golther, Verlag Magnus, Reprint von 1908, Stuttgart
3. Lexikon der Germanischen Mythologie von Rudolf Simek, Kröner, 1995

2 Thule II. S. 165

3 Kröner, Lexikon der Germanischen Mythologie, S. 482

4 Heusler, Thule II.

5 Mircea Eliade, Schamanismus u. archaische Ekstasetechnik, Suhrkamp, T. B. Wissenschaft, Nr.126, S. 482

6 Auch der ägyptische Gott Osiris wurde in seine Teile zerrissen, bevor seine Auferstehung und die Zeugung neuen Lebens möglich wurde.

7 Odin entstammt selber dem Geschlecht der Riesen

8 Andreas Heusler, Kommentar über die Runen, Thule II, S. 170–171

9 W. Golther, Handbuch der Germanischen Mythologie, S. 340

10 In Thule II, S. 169 befindet sich unter „Allerlei Runenweisheit" noch eine Mitteilung über den Zauber-Met: „Der zaubermächtige Met Odrörir galt ursprünglich, bevor er der Dichter-Met wurde, als Zauberelexier, und diese Kraft kam von

den eingemischten Runen: Abgeschabt waren alle Runenstäbe, die eingeritzt waren und in den mächtigen Met gemischt …"

11 Thule I, Nr. 24, Strophe 20
12 Rudolf Simek, Kröner-Lexikon der Germanischen Mythologie, S. 457, 458
13 Sammlung Thule II, S. 38
14 Sammlung Thule II, S. 38
15 Lexikon der Germanischen Mythologie, S. 170, Kröner 1988
16 Thule XX
17 Thule II
18 aus „Gylfi's Betörung, Thule XX, S. 75
19 W. Golther, S. 347
20 Kröner-Lexikon, S. 274
21 Völuspa, 33, Thule II, S. 40[4] Völuspa, Strophe 18[4] Völuspa, Strophe 18
22 Völuspa, Strophe 18
23 Thule XX, S. 120 ff.
24 Odin entführte den Met, indem er ihn mit drei kräftigen Zügen austrank und in Gestalt eines Adlers nach Asgard zurückflog.
25 Aus der keltischen Mythologie kennen wir die Sage um den aus einem Riesengeschlecht stammenden britischen Ur-König Bran. Bran, der sein Ende nahen fühlte, bat seine Freunde, ihn zu enthaupten und seinen Kopf über die Irische See mit nach Britannien zu nehmen, wo er auf dem „Hügel von Llundein" beigesetzt wurde und mit welchem die Anführer des britischen Volkes stets ihre Beratungen abhielten, wenn es um lebenswichtige Entscheidungen ging (Aus Martin Buber, „Die vier Zweige des Mabinogi, S. 60, Inselverlag 1922, und Clarus, Keltische Mythen, S. 265).

Literaturverzeichnis

Die Sammlung „Thule" (Diederichs-Verlag 1922–1925)

Vol. I., Herausgegeben von Felix Genzmer

Hier die Erzählung von Starkard und König Wikar

Vol. II., Die Lieder-Edda. Übersetzt von F. Genzmer, Kommentar von Andreas Heusler.

Vol. XX., Die Prosa-Edda (des Snorri), übersetzt und herausgegeben von Gustav Neckel und Felix Niedner.

Wolfgang Golther, Handbuch der Germanischen Mythologie, Reprint von 1908, (im Magnus-Verlag, o. J.)

Rudolf Simek, Lexikon der Germanischen Mythologie, 2. Auflage (Kröner-Verlag 1995)

Mircea Eliade, Schamanismus und archaische Ekstasetechnik. (Suhrkamp-Taschenbuch Wissenschaft, Nr. 126)

Martin Buber, Die vier Zweige des Mabinogi, Inselverlag 1922, (darin „Branwen, Tochter Llyrs")

Clarus, Ingeborg, Keltische Mythen – Der Mensch und seine Anderswelt (Walter, 1991)

Clarus, Ingeborg, Odysseus und Oidipus (Bonz-Verlag 1986)

7 JESU SELBST-OPFER AM KREUZ

Viele Menschen unserer Zeit, die sich bemühen, die Kernpunkte ihres christlichen Glaubens zu verstehen, nehmen an Jesu Kreuzestod Anstoß, und sie formulieren ihre Bedenken etwa folgendermaßen:

Der Vater-Gott habe das Blut und das grausame Opfer der Kreuzigung seines Menschen-Sohnes gefordert, „damit“ die Sünden der Menschen „losgekauft“ und durch diesen „Kaufhandel“ getilgt werden könnten. Die Suchenden fragen, was das für ein rachesüchtiger Gott sein soll, dessen Zorn auf die Unvollkommenheit seiner Geschöpfe nur dadurch besänftigt werden könne, daß er seinen Sohn abschlachten läßt, schlimmer als jedes Tier?

Wenn man in den Evangelien des Neuen Testamentes nachliest, um darüber Klarheit zu gewinnen, so findet man von dieser „Theologie“ kein Wort. Man liest zwar, daß Jesus in vielem ganz anders dachte und handelte als die Schriftgelehrten seiner Zeit, und daß er diesen unumwunden seine Meinung sagte. Er sprach auch davon, daß es ganz unvermeidbar sei, ohne „Ärger“ zu erregen durchs Leben zu kommen (Luk. 9, 20–24); ja, daß auch die Menschen, die ernsthaft zu ihm stehen wollen, „täglich ihr Kreuz auf sich nehmen“ (Mark. 8, 34) müssen. Es ist das Kreuz, welches uns, wenn wir dieses Bild ernst nehmen, in alle Richtungen auseinander reißen und peinigen kann, sofern wir zu dem Vorbild stehen wollen, das uns Jesus vorgelebt hat. Aber was zeigt uns sein Beispiel anderes als die Liebe zu seinen Mitmenschen gerade da, wo das ganz unkonventionell ist, und wo jeder „anständige“ Bürger die Nase rümpft? In solchen Situationen, in denen wir ausgelacht, totgeschwiegen, oder um unserer Überzeugung willen durch die in unserer Zeit geltende Lebensanschauung und Kultur geschädigt werden, macht Jesus (die menschliche Inkarnation Gottes und deshalb „Gottes Sohn") deutlich, daß es unausweichlich notwendig ist, diese Leiden und den symbolischen Tod auf vielen Stufen unseres Lebens anzunehmen, wenn es je gelingen kann, daß der endgültige Tod „überwunden", also transzendiert wird. Denn nur im Durchgang durch den Tod ist die „Auferstehung" möglich, und das ist die Wandlung in eine neue Lebensform.

Weiter können wir in den Evangelien lesen, daß Jesus bereits während seiner letzten Wanderung nach Jersusalem die „Theologen" seiner Zeit provozierte, indem er ihnen die Oberflächlichkeit und Lieblosigkeit ihres angeblich frommen Verhaltens nachwies – so, als müsse er sie zu dem treiben, was sie schließlich mit ihm taten. – Und als er qualvoll am Kreuz hing, forderten sie ihn auf: „Bist du Christus (der Erlöser), so steige herab vom Kreuz und hilf dir selbst!" (Mark. 15, 30).

Auch heute verhalten sich viele Zeitgenossen ganz ähnlich, wie die Menschen unter dem Kreuz, indem sie sich darüber empören, daß ein von ihnen sehr menschlich vorgestellter Gott all die furchtbaren Grausamkeiten zuläßt, die wir Menschen uns gegenseitig, womöglich im Namen „Gottes", zufügen: Denn er „sollte" doch mit Blitz und Donner dazwischen fahren, wenn Menschen real gepeinigt und umgebracht werden. Doch wo steht, daß der *wirkliche* Gott seinen Zorn über die Unfähigkeit von uns Menschen damit stillen will oder muß, daß ihm blutige Opfer dargebracht werden?

Der Mensch Jesus sieht alles kommen, wie es an ihm geschehen wird. Aber er läuft nicht davon, obwohl man fragen kann, warum er nicht die durchaus mögliche Flucht ergriffen hat? Nein, er nimmt sein Schicksal freiwillig auf sich, weil er weiß, daß keine echte Wandlung möglich ist, wenn er seinen Menschenbrüdern nicht vorlebt, was Durchhalten auch angesichts des Todes vermag. Er nimmt das menschliche Los der Sterblichkeit und der Hilflosigkeit an der Schwelle des Todes an. Und der, von dem seine Jünger hofften, daß er „Alles weiß und alles kann", weil er „Gottes Sohn" ist, weiß für Augenblicke selber nicht mehr, ob dieser Gott-"Vater" wirklich zu ihm steht. Mit seinem Durchhalten bis zum Letzten weist er uns Menschen einen möglichen, ganz anderen, ganz neuen Weg, der uns aus unserer hoffnungslosen Verstrickung und aus der Verzweiflung über unsere menschlichen Mängel und Verfehlungen führen kann. Konkret kann das bedeuten, daß wir die oft unerträgliche Spannung zwischen zwei Wirklichkeiten auszuhalten lernen: zwischen dem, was wir als „stimmig" spüren, erleben und erkennen, und der grausamen Wirklichkeit unserer realen Welt; draußen, und in uns selber. Wenn das gelingt, so kann es in der Sprache des Neuen Testaments die „Vergebung der Sünden" heißen: der Sünden, die wir selber begehen, und der Sünden, die wir anderen Menschen anlasten.

Unsere „Sünden" sind unsere Entfernung von dem, was die Veranwortung und Liebe für unsre Erde und alle ihre Kreaturen bedeutet, für unsere Mitmenschen *und* für uns selber.

Wenn uns diese oft irreparablen Sünden vergeben werden können, dann bedeutet das eine echte Wandlung, eine „Auferstehung" vom Tod. Natürlich ist diese Auferstehung nicht wörtlich zu verstehen. Kein Toter vermag in seinem irdischen Körper wieder aufzustehen. Gemeint ist die Verwandlung in ein „Neues Sein", welches sich schrittweise während unseres ganzen Lebens vorbereiten und ereignen kann. In unserem irdischen Leben gibt es nur eine Annäherung an die Transzendenz, von der wir lediglich ahnen können, was sich nach dem Ende unseres Lebens ereignen kann. Aber eben diese Transzendenz ist bis zu einem gewissen Grad erfahrbar in der Liebe, die verzeihen kann.

Was mit dem Selbstopfer Jesu gemeint ist, ist kein „Schlachtopfer" in der Welt. Er selber spricht ganz deutlich aus: „Das Reich Gottes ist *inwendig* in euch". (Luk. 17, 20–21). Es kann nicht rational definiert werden, denn die Verinnerlichung dessen, was „Gottes Wille" ist, erfordert die Arbeit in immer neue Einsichten, Gesinnungswandel und Opfer durch ein ganzes Menschenleben.

Der Schrecken des Kreuzestodes ist heute noch eine Realität, sowohl in unserer noch nicht fernen eigenen Vergangenheit, als auch in den Kriegen, die unsere ganze Erde überziehen, und in denen es noch täglich zu Folterungen, Strangulationen und allen nur dem „Homo Sapiens" vorstellbaren äußeren und inneren Qualen des Todes kommt. Das, was wir jedoch nicht vermeiden können, sind die Schmerzen körperlicher und seelischer Art, die wir uns nicht gewaltsam zufügen, sondern die zu dem gehören, was jeder Mensch zu durchleiden hat. Das können schmerzliche Gefühle in einem Konflikt sein, der uns zu „zerreißen" droht, oder reale Schmerzen in einer leiblichen Krankheit und an der Schwelle des Überganges zum Tod.

Denn selbst, wenn unser Tod manchmal wie ein gnädiges Überschreiten der letzten Schwelle geschieht, so sind diesem Grenzübergang doch vorher oder lebenslänglich große Leidensphasen voran gegangen, über welche man sich beklagen kann, oder die man als Aufgaben unseres Lebens zu bestehen lernt.

Die primitive Vorstellung eines problemlos „glücklichen" Lebens, welches uns von außen, von der „Gesellschaft" oder vom Staat als günstige Bedingung für unser „Glück" und unsere Leistungsfähigkeit beschert werden sollen, ist eine Illusion.

Es stimmt schon, daß der Durchgang zum „Reich Gottes" *(in uns!)* einem „Nadelöhr" zu vergleichen ist, das durch allzugroßen materiellen Reichtum versperrt werden kann, wenn er uns zum alleinigen Lebensinhalt wird (Luk. 18, 18–27).

Wirklich glückliche Augenblicke beschert uns unser Leben in der liebevollen Begegnung mit Menschen, die dessen bedürfen. Auch nach großen körperlichen Anstrengungen, wenn wir etwa im Hochgebirge einen Gipfel oder schwierigen Passübergang erreicht haben, atmen wir beseligt auf; oder aber, wenn uns nach langen, sinnlos erscheinenden Anstrengungen plötzlich die Frucht unseres Bemühens in ganz unerwartet anderer Gestalt zufällt, als wir es erwartet hatten. Und nicht zu vergessen sind die vielen Menschen, die ihr Leben lang ganz selbstverständlich einen unscheinbar erscheinenden Dienst in der Familie oder auf dem Acker, im Umgang mit Menschen und Vieh geleistet haben und zuletzt ganz erstaunt fragen mögen: Was soll das wert sein? Aber sie sind zufrieden und glücklich ohne große Reichtümer, denn was sie getan haben, sind die vielen kleinen Opfer der Hingabe und auch der Selbstüberwindung.

An dem Abend, den Jesus zum letzten Mal in der Tischgemeinschaft mit seinen Jüngern verbringt, erweist er ihnen den Dienst der Fußwaschung (Joh. 13, 1 – 17). Das ist ein niedriger Dienst, den eigentlich die Knechte und Mägde ihren Herren erweisen, wenn diese nach einem langen Weg über die staubigen Pfade des trockenen Südostens müde nach Hause kommen. Diese Fußwaschung ist der Auftakt zu dem, was der Meister seinen Schülern in letzter, symbolträchtiger Verdichtung sagt. Er beginnt mit dem kleinsten Liebesdienst, den, im übertragenen Sinn, in jeder Familie alle Glieder dieser Lebensgemeinschaft ganz ohne Aufhebens einander erweisen können. Das heißt z.B.: Jetzt bist du daheim, nun laß den „Schmutz der Straße" hinter dir; ruh dich aus, setz dich in Frieden mit uns an den Tisch. In dieser Geste kommt das zum Ausdruck, was in allen wirklichen Kulturen von jeher als „Gastfreundschaft" geübt wurde. Der Herd war heilig, und wer sich in den Schutzkreis des Herdes begab, stand auf geheiligtem Boden, den man nur mit gereinigten Füßen betreten durfte. Dann aber war man in der Gemeinschaft geborgen und genoß einen unverbrüchlichen Frieden.

Die synoptischen Evangelien (Matthäus, Markus und Lukas) berichten ausführlich von dem letzten Mahl Jesu mit seinen Jüngern vor seinem Opfertod. Sie überliefern uns die dunklen Worte, die noch heute im Kultus der christlichen Abendmahlsfeier gesprochen werden (Matthäus 26, 26–28):

„Da sie aber aßen, nahm Jesus das *Brot,* dankte und brach's und gab's den Jüngern und sprach: Nehmet, esset; *das ist mein Leib.* Und er nahm den Kelch und dankte, gab ihnen den und sprach: Trinket alle daraus *Das ist mein Blut* des

Neuen Testaments, welches vergossen wird für Viele zur Vergebung der Sünden".

(Bei Lukas 22 heißt es: „... mein Blut, das für euch vergossen wird ... Das tut zu meinem Gedächtnis"")

Das *Brot* und der *Wein* werden in diesem Augenblick zum Symbol für die Lebenssubstanz Jesu, die er den Seinen in größter Verdichtung weitergibt: Nehmet diese Substanz, „esset" und „trinket" sie; verinnerlicht das, was ich euch ein Leben lang in Bildern und Gleichnissen gegeben habe, als mein Vermächtnis.

Das „Blut" also meint den Lebenskern, das „Herzblut", das „Innerste". Und dieses „Innerste", wertvollste eines Menschenlebens, das wissen wir, ist die vergebende Liebe. Das „Brot" aber ist unser lebendiger Leib, aber bereits in verwandelter Gestalt, denn das Korn wird nach der Ernte gemahlen, zu Teig verarbeitet und dann gebacken. Das sind lauter Verwandlungen, die im Bild des Brotes das Wesentliche ausmachen.

Der Kultus der Abendmahlsfeier führt uns vor Augen, wie das einstmals blutige Opfer verwandelt wird, und wie in dieser symbolischen Handlung echter Friede gestiftet werden kann. Denn hier wird vollends klar, daß das „vergossene Blut" kein „Racheakt" ist, sondern eine freiwillige Gabe unseres Innersten, als Akt der Versöhnung unter Menschen, die in dieser Tischgemeinschaft zu „Brüdern" werden können.

C. G. Jung (G. W. 11, S. 244) verweist noch auf eine ganz andere, uns fremd erscheinende Parallele zum Meßopfer, die lediglich zeigen soll, daß es auch in anderen Kultformen eine Verwandlung des blutigen Opfers im symbolischen Verzehr von Broten gab, welche das Opfer abbildeten. Es ist ein Opferbrauch der *Azteken*, den die spanischen Eroberer noch in Mittelamerika angetroffen und beschrieben haben.

8 DAS „GOTT-ESSEN" (TEOQUALE) DER AZTEKEN

Die Azteken sind die letzten Vertreter einer spätmexikanischen Kultur, welcher der Fray Bernardino de Sahagún acht Jahre nach der Eroberung Mexikos begegnete. – In seiner „Historia general de las cosas de Nueve Espana von 1529 (übersetzt und herausgegeben von Sales-Sachs 1927, S. 259 ff., zitiert nach C. G. Jung) beschreibt er, was er an Brauchtum und religiösen Anschauungen der „Eingeborenen" noch erfahren konnte.[1] In dem genannten Text ist zu lesen: „Es wurde aus den zerquetschten und zermahlenen Samen des Stachelmohns *(Argamane mexicana)* ein Teig gemacht, und daraus der Leib des Gottes Uitzlipochtli geformt (heutige Schreibweise Huitzlipochtli). Der aus dem Teig des Mohn geformte Leib des Gottes wurde nun symbolisch geopfert, „indem ein Priester ihm mit einem Speer mit einer Feuersteinspitze das Herz durchsticht". Das Opfer wird in Anwesenheit des Königs und von vier Anführern der jungen Mannschaft des Stammes vollzogen. „Und nachdem er gestorben war, darauf zerstückten sie seinen Leib aus Teig. Das Herz gehörte dem König Motecuhcoma. Und die anderen zylindrischen Teile seines Leibes, die gleichsam die Knochen bildeten, wurden unter die Anwesenden verteilt … In jedem Jahr essen sie seinen Leib." Jeder Einzelne bekommt nur ein kleines Stück. „Junge Krieger aßen ihn. Und dieses ‚ihn essen' wird ‚Gott-essen' genannt. Und die ihn gegessen haben, heißen ‚Gotthüter'."[2]

Des Gottes Natur und Herkunft beschreibt Irene Nicholson[3]. Huizlipochtli ist der aztekische Nachfolger des früheren Sonnengottes Quetzalcoatl, der „Gefiederten Schlange" (Vogel-Schlange). Als Herrscher war er ein großer religiöser Erneuerer und trug seinen Namen von seiner Fähigkeit, Gegensätze zu vereinigen. Es war sein Anliegen, daß der Mensch ein ‚vergöttlichtes Herz' gewinne, und ein Gesicht, das einen wahren Spiegel der menschlichen Seele darstellt (S. 83). Sein eigenes Herz brachte er in einem Opferfeuer dar, das er selbst entzündet hatte, worauf er sich aufsteigend in den Planeten Venus verwandelte (S. 82). Er gilt als Herr über Leben und Tod, und er verlangte Herzen, die gleich seinem Leben geläutert und vergöttlicht werden (S. 92). Quetzalcoatl war der Gott der ausklingenden Olmekischen Kultur, deren Zeit etwa von 1000 bis 800 v. Chr. anzusetzen ist. Die Olmeken waren ein friedliebendes Volk, welches keine Angriffskriege führte, und dessen geistiger Einfluß in vielen Strömen bis in die mexikanische Spätzeit ausstrahlte. So gilt Huitzlipochtli, der Sonnengott der Azteken, als ein „Nachfolger" des olmekischen Gottes. Die Eigenschaften dieser beiden Götter vermengten sich weitgehend, obwohl sie auf den ersten Blick als grundverschieden erscheinen mögen: So wollte Quetzalcoatl von realen, blutigen Menschenopfern nichts wissen, während der aztekische Gott in der Vorstellung seiner Anhänger forderte, mit Massen an blutenden Menschenherzen ernährt zu werden, damit er seine Bahn über den Himmel zum Segen des Menschengeschlechtes vollführen könne.

Wenn man die Entwicklung dieser Opferriten verfolgt, so ergibt sich nach der Darstellung von Nicholson die folgende Stufenfolge:

1. In früh-olmekischer Zeit wurde einmal im Jahr ein einziger „reiner Jüngling" real dem Sonnengott dargebracht. Er führte als Auserwählter ein Jahr lang ein vorbildliches Leben vor aller Augen, wurde hoch geehrt, ging frei umher und sammelte selber in seinem letzten Lebensmonat alles, was zu seiner Opferung an edlen Steinen, Blumen usw. gehörte. Er stieg selber als freier Mensch die Stufen zum Sonnentempel empor, zerbrach auf jedem wichtigen Absatz eine selber gefertigte Flöte, auf welcher er zu Ehren des Gottes gespielt hatte, um zuletzt auf dem Altar der obersten Stufe geopfert zu werden, indem man ihm das noch zuckende Herz aus dem Brustkorb riß.

2. In der olmekischen Spätzeit schaffte Quetzalcoatl das reale Menschenopfer ab und ersetzte es durch das symbolische Opfer des „reinen Herzens", um welches sich alle Zugehörigen der Religionsgemeinschaft in ihrem Leben bemühen sollten.

3. Um 1300 n. Chr. übernahm der kriegerische Stamm der Azteken zwar Strömungen aus der olmekischen Kultur und betrachtete seinen Sonnengott Huitzlipochtli als den direkten Nachfolger Quetzalcoatls. Aber beim Übergang der beiden Sonnengötter in ein spätdekadentes Kulturgut ereignete sich eine typische Verflachung. Die ursprüngliche Symbolhandlung, nämlich die Opferung des „reinen Herzens" wurde nicht mehr verstanden und pervertierte in eine blutrünstige Realhandlung, welche die ankommenden „christlichen" Spanier mit Genugtuung als barbarisch „heidnische" Abgötterei auslegten.

Bei der Schilderung des Fray Bernardino de Sahagún handelt es sich um eine Vermengung der beiden Sonnengötter, die in späterer Zeit stattgefunden hat. Denn der Aztekengott dieser Schilderung fordert keine realen Menschenherzen, sondern er wird – in seinem Abbild aus Teig ("Brot") – selber geopfert und im kultischen Mahl verzehrt, womit sich die „Jungen Krieger" seine Eigenschaften aneignen. Das mögen in aztekischer Sicht sein kriegerischer Mut und sein Angriffsgeist sein; oder in olmekischer Sicht „sein Entschluß, seine Existenz zu wandeln, was Quetzalcoatl zum König (im wahrsten Sinne des Wortes) macht". (Nicholson, S. 91).

Und diese Wandlung im Opfer ist es, was die Symbolik des mexikanischen Kultus in die Nähe des christlichen Abendmahls rückt.

Anmerkungen

1 C. G. Jung, G.W. 11 (über das Meßopfer)
2 Cottie Burland, Götter und Schicksalsglaube im alten Mexiko, S. 58, Herder, 1978
3 Irene Nicholson, Mexikanische Mythologie, S. 16 und 73–92 (E. Vollmer, 1967)

Literatur

C. G. Jung, G. W. 11, S. 6–244
Cottie Bruland, Götter und Schicksalsglaube im alten Mexiko, Herder 1978
Irene Nicholson, Mexikanische Mythologie, Verlag E. Vollmer 1967

9 VOM SINN DES OPFERS

(Tod und Wandlung, Sterben und Neugeburt)

Der letzte Sinn jeden Opfers, das seinen Namen verdient, ist die Wandlung. Lebenslänglich ereignen sich Wandlungen, und lebenslänglich werden uns Opfer abverlangt. Opfer und Wandlung gehören untrennbar zusammen. Und so möchte ich in dieser Besinnung versuchen, Wandlungsschritte unseres Lebens zu skizzieren und an Beispielen aus Mythen vergangener Zeiten ihren Zusammenhang mit dem Opfer aufzeigen.

Mit dem Gedanken an unseren letzten Wandlungs-Schritt möchte ich beginnen. Denn wer fragt sich nicht, was unser realer Tod mit einer Wandlung zu tun hat, und wie auf das Sterben eine neue Geburt folgen kann?

1. Wer einen Menschen zum Tod begleitet hat, weiß, wie es ist, wenn der eine, unumkehrbare Augenblick eingetreten ist, der letzte Atemzug – und dann die große Stille. Der Tote liegt vor uns. Eben war er noch da, eben hat er noch geatmet. Nun ist alles vorbei: kein Blick mehr, keine Bewegung. Bald folgen Kälte und Starre, die wir spüren, wenn wir ihn zum letzten Mal streicheln. Vielleicht spüren wir noch etwas wie einen Hauch des geliebten Menschen um uns, um ihn. Aber dieser tote Körper ist mit einem Mal unendlich fremd, nicht mehr von dieser Welt. Was ist mit dem Körper geschehen? Es ist eine Veränderung, die in wenigen Tagen in die Auflösung des Leibes, in völligen Zerfall übergehen wird. Wie soll sich da noch eine Wandlung vollziehen? Der leibliche Tod ist unwiederbringlich, dieser Mensch wird niemals wieder aufstehen – geschweige denn in *dieser* Gestalt wieder geboren werden.

Wir müssen hier, angesichts des eben Beschriebenen, unser Thema abbrechen, weil wir genug damit zu tun haben, den Tod dieses einen Menschen zu begreifen.

2. Noch mehr bedrängt uns freilich der Gedanke an das Sterben, das dem Tod vorausgeht. Jeder Mensch, der an den eigenen Tod denkt, wünscht sich, daß das „Sterben" leicht und schnell gehen möge. Mitunter beneiden wir die Menschen, deren Übergang rasch und manchmal schmerzfrei geschehen ist. Dann sprechen wir von einem gnädigen Tod. Aber meistens ist das Absterben unserer Leiblichkeit mit Schmerzen und Qualen verbunden, zu deren Linderung zwar ein guter Arzt beitragen kann, die uns aber niemand abzunehmen vermag. Was ist das nur für ein grausamer Vorgang, der uns da auferlegt wird? Soll es der letzte Sinn unseres Lebens sein, daß wir leidend zugrunde gehen, ohne selber eine Einstellung zu diesem Geschehen aufzubringen?

3. Nach diesem Blick auf die letzte Wandlungsstufe unseres Lebens wollen wir nun unser Augenmerk auf den Anfang (unseres Lebens) richten.

Niemand kann sich an den Vorgang seiner eigenen Geburt erinnern – an jenen Engpaß, den wir in Angst (Enge) und Not zu bewältigen hatten. Wir wurden erbarmungslos durch die Preßwehen unserer Mutter vorangetrieben, und dazu mag noch der eigene Drang gekommen sein, um jeden Preis dieser Enge zu entrinnen. Es war ein Kampf auf Leben und Tod, der vielen Menschen noch als Erwachsenen in den Gliedern steckt, wenn sie (womöglich zu Fuß!) den Durchgang durch einen unbeleuchteten Tunnel zu bewältigen haben! Sie wissen nicht, wie sie hindurch kommen sollen, weil schwarze Finsternis sie umgibt. Unter den Füßen glitscht der nasse Boden; wenn sie fallen, kann ihnen niemand weiter helfen! Dieses Gefühl der Unsicherheit in der Enge, und die damit verbundene Angst kennt jeder von uns – bis uns dann endlich der erste Lichtstrahl trifft, der uns buchstäblich aufatmen läßt! Das kennen wir. Aber kein Mensch kann sich bewußt an den lebensbedrohenden Weg durch den Engpaß seiner realen Geburt erinnern. Es steckt uns wirklich „nur" in den Gliedern, wenn wir in vergleichbare Lagen geraten. Da empfinden wir leiblich etwas, was man nur über die Haut, die Muskeln und überall da wahrnehmen kann, wo körperliche Empfindung möglich ist. Und nun ist das kleine Geschöpf in unserer Welt. Seine erste und wichtigste Lebensäußerung ist ein durchdringender Schrei: Keine Tränen! Aber ein Schrei, von dem man nicht weiß, was er zum Ausdruck bringt. Ist es ein Schmerz, Entsetzen über ein ungewohntes grelles Licht? Vielleicht aber auch ein Schrei der Erleichterung vor allem der Erstgeborenen nach einem langen, qualvollen Kampf? Aber wir wissen es: Dieser Schrei hilft uns, hilft dem Kind zum Leben, zum ersten Atemzug in dieser Welt! Alle, die den Geburtsvorgang begleitet haben, atmen auf, sie freuen sich und bieten dem Neugeborenen ihre hilfreichen Hände!

Haben wir etwa vorher noch nicht gelebt? Doch! Aber anders. Es hat eine Wandlung von einer Lebensform in eine andere stattgefunden. Beides, die Geburtswehen der Mutter, und der bedrohliche Durchgang durch den Geburtskanal sind Ereignisse, die sowohl die Mutter, als auch das Kind mit elementarer Gewalt vorwärts drängen. Beiden bleibt nichts übrig, als sich dem Geschehen völlig unterzuordnen. Und doch ist das *Muster*, welches für Mutter und Kind zur prägenden Erfahrung wird, verschieden. Das Kind „weiß“ auch in späteren vergleichbaren Situationen, daß auf jedes Ende, jeden „Tod“ ein neuer Anfang folgt. Es lohnt sich allemal, diese Engpässe auf sich zu nehmen. Später, wenn der Vorgang bewußt wird, nimmt man ein Opfer auf sich,das weiter hilft. Und für die Mutter geschieht ebenfalls eine Prägung, die ihr hilft, nicht nur im Augenblick der Geburt, sondern auch bei weiteren Schritten ihres Kindes „loszulassen“, das Kind auf seinen eigenen Lebensweg zu entlassen. Das ist oft kein geringes Opfer, das wider den mütterlichen Impuls zum „Festhalten“ gebracht werden muß!

4. Nun möchte ich gleich einen Schritt weiter fragen, und zwar in eine Richtung, die keine noch so gut gemeinte „Aufklärung“ zu erhellen vermag. Es ist die Frage, was *vorher* war?

Wo sind wir hergekommen, und was geschah in dem Augenblick der Befruchtung des weiblichen Eis durch den männlichen Samen? Wir wissen nur, daß die Eizelle, wie durch einen Schock getroffen, erzittert, und dieser „Schreck" bewirkt die erste Zellteilung, die dann weiter zur Entwicklung des embryonalen Körpers führt. Das mag ein eindrückliches Bild dafür sein, wie ein tödlicher Schreck den Anstoß zu einem differenzierten Leben in Gang setzt – physisch und psychisch! – Aber woher wollen wir wissen, ob in diesem Augenblick der irdischen Befruchtung nicht eine andere Dimension unseres vorirdischen Seins „stirbt", und daß mit diesem Tod die Erinnerung an etwas uns jetzt Ungreifbares, Unbegreifliches entflieht? Mit dieser Frage befinden wir uns zwar jenseits dessen, was wir rational beweisen können. Dennoch will mir scheinen, daß während unseres irdischen Sterbens und endlichen Todes etwas Vergleichbares geschieht. Wenn der irdische Leib seinen Dienst am Leben nicht mehr zu leisten vermag, dann verläßt ihn das „Lebendige", das wir die Seele nennen, weil es in unserem Körper nicht mehr existieren kann. Unsere irdische Zeit ist damit unwiederbringlich abgelaufen. Von dem, wo unsere Seele vor ihrem Eintritt in die Leiblichkeit war, und wohin sie zurückkehrt, wenn sie den Körper verläßt, von dieser Existenz „weiß" die Menschheit ahnend, seit sie Leben und Tod wahrnimmt.

Die Ahnung vom fortdauernd Lebendigen, vom stetig sich Wandelnden, läßt sich auch in Mythen der Vorzeit finden. Ein Mythos ist eine Erzählung, „wie es einmal war". Er ist so etwas wie eine Vorgeschichte, die noch keine der uns gewohnten verläßlichen Daten aufzuweisen hat. Ein Mythos spricht in Bildern und Gleichnissen, und das gilt sowohl für das, was später Geschichte in unserem Sinne wird, wie auch für die Vor-Geschichte jedes Individuums. Auch unsere Märchen sind, sofern sie nicht allzusehr durch eine moralische Übermalung entstellt sind, eine Spätform mythischer Mitteilung. Zunächst sei das bekannte Märchen von der *Frau Holle* (Grimm Nr. 24) erwähnt. Ich greife im wesentlichen das

Kerngeschehen heraus, nämlich den Sprung oder Sturz der „Goldmarie" in den Schacht eines tiefen Brunnens.

Ein schönes Mädchen, von dem wir uns vorstellen können, daß es auf der Schwelle zwischen der Kindheit und der erwachsenen jungen Frau steht, sitzt auf dem Rand eines Brunnens an einer Straße und spinnt. Es spinnt so eifrig oder so verzweifelt, daß seine Finger blutig werden. Da will es die durch sein Blut verunreinigte Spindel im Wasser des Brunnens abwaschen. Dabei entgleitet ihm die Spindel. Die „böse Stiefmutter" aber verlangt barsch, Marie solle das Gerät aus dem Wasser zurück holen.

Noch einleuchtender, als diese Version der Brüder Grimm, erscheint mir allerdings die Urfassung des Märchens, in der beschrieben wird, „wie das Mädchen hingegangen war, um Wasser aus dem Brunnen zu holen. Und wie es sich bückte, um den Eimer aus der Tiefe hochzuziehen, da bückte es sich zu tief und es fiel hinein".[1]

Das Mädchen verlor im Sturz sein Bewußtsein, und als es wieder zu sich kam, da war keine böse Stiefmutter mehr da, sondern es befand sich „auf einer schönen bunten Wiese, da schien die Sonne und da waren viele Blumen". In dieser Welt lernte das Mädchen ganz selbstverständlich den Dienst am Lebendigen. Und die Frau Holle, die ihr zunächst in einer abschreckenden, hässlichen Gestalt begegnete, erwies sich bald als eine freundliche, zeitlos alte Frau, die das Mädchen bei sich aufnahm. Die Marie tat dort ihre täglichen Dienste, und dabei ging es ihr gut. Aber als dann die Zeit dafür reif war, begleitete die Frau Holle das Mädchen zurück bis zu dem Tor, das in die Obere Welt zurück führte. Und als sie dieses Tor durchschritt, da saß oben darauf ein Hahn, der sie freudig begrüßte mit dem Ruf: „Kikeriki, kikeriki, unsere Goldmarie ist wieder hie!" Und als er das rief, fiel ein Goldregen über die Marie hernieder, der sie vom Kopf bis zu den Füßen ganz golden machte mit dem Sonnengold eines gewandelten Bewußtseins-Lichtes.[2] In diesem Märchen wird wie nebenbei geschildert, daß der Entschluß, eine abgelaufene Lebensform aufs Spiel zu setzen und der Dienst am täglich Notwendigen die Voraussetzung dafür sind, daß eine Wandlung stattfinden kann. Es ist die Entwicklung von der Kindheit zum Erwachsenenalter. Indem das Mädchen sich auf die Tiefe einer neuen Lebensstufe einläßt – trotz aller damit verbundenen Ängste, die ihm zunächst das Bewußtsein rauben – „stirbt" das Kind. Und nach dem Durchgang durch den bedrohlich, finsteren Brunnenschacht, in den sie kopfüber hineinfällt, erwacht die „Goldmarie" bei ihrer erneuten Passage durch das Lebenstor zu einer neuen „Geburt". Sie mußte symbolisch noch einmal in die unbewußte Tiefe ihrer Herkunft bei der Frau Holle zurückkehren, um danach „geistig neugeboren" zu werden.

In dem griechischen Mythos von den Zwölf Taten des Helden *Herakles* wird etwas Vergleichbares berichtet. Er, der eigentlich der Sohn des obersten Gottes Zeus war, mußte harte Dienste in Knechtsgestalt verrichten. Für diesen Dienst ist ein besonders anschauliches Bild seine Säuberung des Augiasstalles, aus dem er nicht enden wollende Mengen an Mist zu entfernen hatte. Aber Herakles packte ganz selbstverständlich den Mist dieser Welt an, ohne lange nach seiner Identität als Gottessohn zu fragen, und ohne um seine letztlich schon beschlossene Aufnahme in den Olymp der Götter zu wissen. Er bringt im übertragenen Sinn sich selber zum Opfer für eine neue Bewußtseinsebene des erwachenden griechischen Geistes. Im Blick auf uns heutige Menschen kann das ein Hinweis darauf sein, daß wir alle für den „Mist" unserer Welt zuständig sind und uns nicht zieren sollen, ihn anzufassen. Denn ohne die Bewältigung unseres eigenen und unseres kollektiven „Unrates" wird sich keine echte Wandlung und keine Lösung unserer verfahrenen Probleme einstellen.

Daß der Weg durch einen finsteren Tunnel gar nicht immer zu dem führt, was ein Mensch sich wünscht, wird in einem aus dem Zweistromland zwischen Euphrat und Tigris – aus Sumer – stammenden Mythos berichtet. In diesem Land herrschte etwa um das Jahr 2100 v. Chr. ein mächtiger König mit Namen *Gilgamesch.*[3] Von ihm wurde erzählt, daß er zu zwei

Dritteln ein Gott, und nur zu einem Drittel ein Mensch war. Er ließ eine in ihren Spuren heute wieder sichtbar gewordene Mauer um seine Stadt *Ur* bauen, und er zwang zu dieser Arbeit seine Untergebenen mit großer Härte und Rücksichtslosigkeit. Gilgamesch war ein Mensch, der mit Gewalt alles „machen" wollte, und der sich weigerte, sein Schicksal als *sterblicher* Mensch anzunehmen.

Nun erzählt der Mythos von diesem Macht-Menschen, wie sein Allmachtsbewußtsein hart erschüttert wurde durch den unerwarteten Tod seines einzigen Freundes Enkidu. Fassungslos vor Schmerz machte sich Gilgamesch auf den Weg zur Suche nach der Unsterblichkeit. Er durchwanderte zwölf Nächte lang die Finsternis. Als ihm am Ausgang des Tunnels endlich wieder der Sonnengott Schamasch in einem paradiesischen Garten begegnete, sprachen der Gott und die Hüterin des Gartens den Wanderer mit den Worten an:

„Gilgamesch, wohin läufst du? / Das Leben, das du suchst, wirst du nicht finden! / Als die Götter die Menschen erschufen, / teilten den Tod sie der Menschheit zu". (X, 1–4, 8).

Gilgamesch gibt aber seine Suche nicht auf. Über ein großes Wasser gelangt er zu seinem Ahnen Utnapischtim (dem sumerischen Noah), um von ihm das Geheimnis des Lebens zu erfahren. Und obwohl Gilgamesch die Bedingung, sechs Tage und sieben Nächte wach zu bleiben, nicht erfüllen kann, weil er vor Erschöpfung einschläft, so weist ihm sein Ahne, der „Der Ferne" (Utnapischtim) heißt, doch noch einen letzten möglichen Weg. Gilgamesch muß zur Erde zurückkehren. Dort muß er einen tiefen Schacht bis auf den Boden des Süßwasser-Quells Apsu graben, wo das Kraut des Lebens zu finden ist.

Gilgamesch nimmt mit letzter Kraft auch noch diese Anstrengung auf sich. Er gräbt mit eigenen Händen den Schacht, und auf dessen Grund findet und pflückt er das *Kraut des Lebens*. Als er wieder zur Erdoberfläche zurückgekehrt ist, legt er das kostbare Kraut für einen Augenblick auf den Rand eines Brunnens, um zu trinken. Da naht sich geräuschlos eine

Schlange. Sie frißt das Kraut, und sie häutet sich! Gilgamesch nimmt das Symbol der Verjüngung an der sich häutenden, sich regenerierenden Schlange wahr und begreift, daß damit für ihn die Erlangung der Unsterblichkeit verloren ist. „Zu der Frist setzte Gilgamesch weinend sich nieder". (XI, 290)

Damit ist er zum Menschen geworden, der sein Schicksal der Sterblichkeit und das damit verbundene *Leiden* annehmen muß. Muß er das nur, oder vermag ein Mensch sein Schicksal der Sterblichkeit auch bewußt zu bejahen? Der homerische Odysseus brachte es fertig, auf alle Bequemlichkeit und auf alle Versuchungen der Verheißung einer „unsterblichen Jugend" zu verzichten, um in seine „Heimat", also zu seiner persönlichen Lebensaufgabe zurück zu kehren.

Wir wollen hoffen, daß sein Leid und seine Tränen Gilgamesch zur vollen Menschlichkeit erlöst haben. Wir hoffen das, denn das Ende des Gilgamesch-Epos ist verloren gegangen.

Aus unserer eigenen Erfahrung aber wissen wir um die befreiende Kraft der Tränen. Oft ist es, als schwemmten diese Ströme der Verzweiflung und des Schmerzes alle verhärteten Mauern nieder, die uns hemmen, wirklich *menschlich* zu leben. Und nachträglich empfinden wir diese Befreiung zu einem neuen Leben selber. Auch unsere Nächsten atmen bisweilen auf, wenn ein unerträglich gewordener Panzer der „Selbstbeherrschung" endlich zerbricht. Dann erst begreifen wir, daß ein Zwang zur Verwirklichung des äußerlich „Machbaren" zur tödlichen Erstarrung mitten im Leben werden kann. Das gilt für manche technischen Erfindungen ebenso wie für sportliche Spitzenleistungen; oder für manche Möglichkeiten der modernen Medizin, wenn sie das Leben eines Menschen, dessen Lebensuhr abgelaufen ist, gewaltsam verlängern, oder den zum Tod Gereiften ins Leben zurückholen will. Denn wer sein Leben nicht loslassen kann, der vermag auch nicht zu begreifen, was Angelus Silesius in seinem „Cherubinischen Wandersmann"[4] unter dem Titel „Warumbe" sagt:

„Die Ros' ist ohn' Warum, / Sie blühet, weil sie blühet. / Sie acht' nicht ihrer selbst, / Fragt nicht, ob man sie siehet".

Diese Rose ist, nach Tod und Leid der Ausdruck für ein verwandeltes, fraglos in sich glückliches Leben. Aber der Weg dorthin ist ein Opfergang, der allen menschlichen Ehrgeiz fahren lassen muß.

Als letztes Beispiel für einen mythischen Weg durch Nacht und Tod will ich einen der ältesten Texte nennen, den wir aus Ägypten kennen. Es ist die „Schrift von dem verborgenen Raum", den die Ägypter das *Amduat* nannten (das, was in der Unterwelt, im Unsichtbaren ist).

Die Bilder und Texte dieses Buches haben ihre Wurzeln zwischen 2000 und 1900 v. Chr., obwohl der zusammenhängende Text erst in dem Grab des Thutmosis I gefunden wurde, das aus der Zeit um 1500 v. Chr. stammt. Der Baseler Ägyptologe Erik Hornung hat die Reihenfolge erstmals zusammengestellt und herausgegeben.[5] Dieses Buch war auf die Sargkammer zunächst ausschließlich der Könige geschrieben und gemalt. Es vermittelte dem Toten eine Führung durch das Jenseits. Der Weg durch den „verborgenen Raum" war in zwölf Stunden der Nacht eingeteilt, die mit ihren zahlreichen Gefahren und Hindernissen genau geschildert werden. Der Sonnengott selber durchfährt diesen Raum allnächtlich in seiner Nachtbarke auf dem großen Strom des unterirdischen Nil. Zu den Gefahren, welchen die Seele des Toten im Gefolge des Gottes begegnete, gehörte auch der Widersacher der Schöpfung, die riesige *Apohpis-Schlange.*

Diese kritische Begegnung findet genau in der Mitte des Weges statt, nämlich in der *siebten Stunde.* Der Gott ist bisher mit seiner Barke im Wasser gefahren. Nun ist zwischen ihm und Apophis eine senkrechte Wand errichtet, hinter welcher das trockene Sandreich der Schlange beginnt. Denn Apophis hat vor dem Gott alles Wasser ausgetrunken. In diesem Sandreich ist kein Leben mehr möglich. Apophis ist blind, er bewegt sich von rechts nach links, also dem Sonnenaufgang entgegen, und er zeigt seine Giftzunge, mit der er, wie die großen Cobras der Wüstenklüfte, jedem Lebewesen den Tod bringen kann.

Siebente Stunde

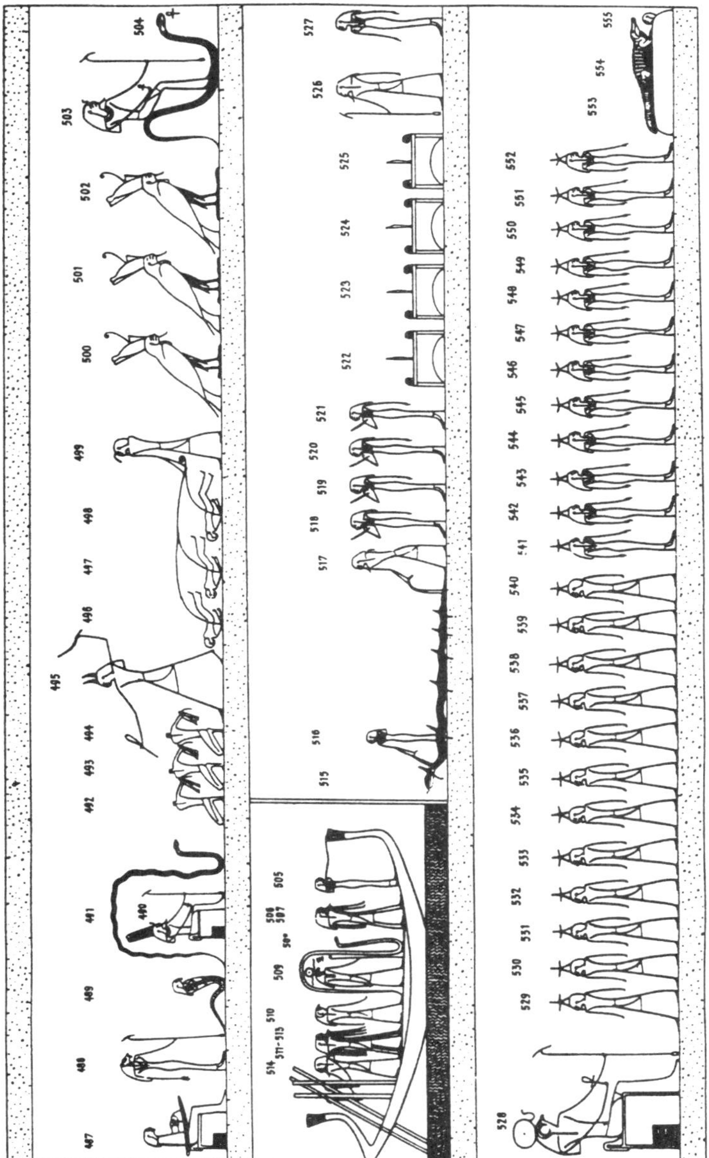

Nun sehen wir in dieser Begegnung zwischen Gott und Tod etwas Erstaunliches: Es findet kein Kampf statt. Denn der realistische Ägypter weiß, daß „Tod und Teufel" Wirklichkeiten in unserer Welt sind, die niemals endgültig besiegt werden können. Man kann und soll sie aber in Grenzen halten, und das geschieht hier. Die senkrechte Wand gebietet zunächst einmal Einhalt: Bis hier hin und nicht weiter! Die zauberkräftige Göttin Isis steht vorne am Bug des Sonnenschiffes, und sie streckt ihre Hand beschwörend gegen Apophis aus. Sie lähmt ihn mit ihrer Zauberkraft, so daß er – für diesen Augenblick! – gefesselt und mit Messern zerschnitten (zerstückelt) werden kann. „Morgen" wird sich das Gleiche wiederholen. So ist es, und so wird es bleiben, solange wir leben!

Zuletzt sollen uns noch die vier Kästen, die am Ende der mittleren Zeile sichtbar sind (Nr. 522–525) beschäftigen. Über ihnen sind Messer zu sehen, die etwas zerschnitten haben, und in den Kästen sind Hügel gezeichnet. Der begleitende Text erklärt uns, daß dies die vier Gräber des Sonnengottes sind, der unter den Hügeln in seiner vierfachen Erscheinungsform als Chepri, Re, Atum und Osiris „verborgen", also unsichtbar ist. *Chepri* ist der jugendliche Sonnengott, der als Sonnenkäfer (Scarabäus) jeden Morgen neu zum Himmel aufsteigt; *Re* ist der Herrscher am Tageshimmel, *Atum* betritt als Greis am Abend das Tor der Unterwelt, und *Osiris,* der selber das Schicksal der Zerstückelung erlitt, aber durch Isis zu neuem Leben erweckt wurde, entspricht der unterweltlichen Gestalt des Sonnengottes.

Ich kann mich des Eindrucks nicht erwehren, daß die gezeigte Bilderfolge ein Opfer zeigt: So, wie Apophis gefesselt und zerschnitten wird, so geschieht es auch Re – so hat es der Große Gott selber auf sich genommen. Diese Schilderung zeigt meines Wissens zum ersten Mal, wie ein Gott, sich opfernd, dem Menschen hilfreich auf seinem Weg vorangeht.

Wir können dem eine Deutung geben und etwa sagen: Wenn wir Menschen unsere Feinde, also etwas, was wir als böse empfinden, wirksam bekämpfen wollen, dann bleibt dies ergebnislos, solange wir uns ausschließlich gegen äußere Feinde wenden, die sich immer finden lassen! Denn diese Feinde haben oft mit unseren eigenen feindseligen Phantasien und Impulsen zu tun, die wir auf mehr oder weniger geeignete „Objekte" projizieren. Erst, wenn wir erkennen, was diese „bösen Anderen" auch mit uns selber zu tun haben, werden wir diese ungeliebten Schattenanteile in uns opfern, begraben und transformieren können.

Aber nicht nur diesen „subjektiven" Feinden gilt unsere Besinnung. Auch unser realer Tod wird uns erst dann zum Feind, wenn wir uns zur Unzeit gegen ihn wehren, wenn wir ihn als notwendigen Bestandteil unseres Lebens nicht wahr haben wollen. Denn manche echte „Heilung", (also ein versöhnliches Heilwerden unserer inneren Zwiespälte) geschieht erst auf dem Todesweg. Das ist *unser* Weg, gegen den wir uns nicht wehren, sondern den wir auf uns nehmen sollen. Denn mit der Hilfe des Gottes wird dann eine neue Lebenszeit auf den Weg gebracht werden.

Das sehen wir auf dem Bild der *Elften Stunde* des Amduat. Die Gestalten Nr. 786–797 bringen die *Zeit-Schlange* in zwölfmal drei Windungen als neue Lebens- und Tageszeit auf ihren Weg. (Diese Zeit ist für den Ägypter kultisch geregelt, in jeder Stunde werden drei Opferhandlungen für den Gott vollzogen).

Nun treten wir im Gefolge des Sonnengottes noch einen letzten, entscheidenden Durchgang an.

Wir befinden uns jetzt in der *zwölften Stunde*, der letzten Station des nächtlichen Weges durch die Unterwelt. Dort sehen wir wieder eine Riesenschlange, die sich hier in der Richtung des Sonnenschiffes von links nach rechts, also „richtig" bewegt. Und in dem Bug des Sonnenschiffes sehen wir, wie einen Lotsen, den jugendlichen Chepri, das Symbol der aufgehenden Sonne (Nr. 856). Die Sonnenbarke wird von ihrer Mannschaft anscheinend über den Leib der Schlange hinweg gezogen. Der Text aber sagt etwas anderes, denn diese

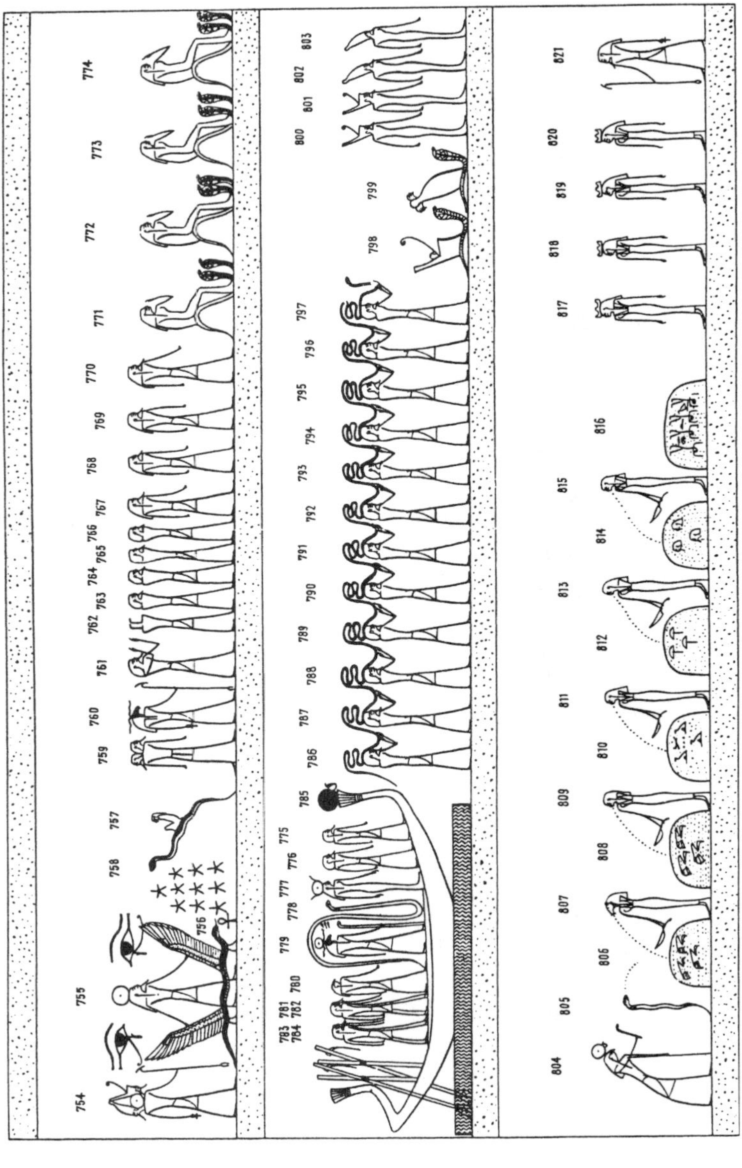
754
755
756
757
758
759
760
761
762
763
764
765
766
767
768
769
770
771
772
773
774
775
776
777
778
779
780
781
782
783
784
785
786
787
788
789
790
791
792
793
794
795
796
797
798
799
800
801
802
803
804
805
806
807
808
809
810
811
812
813
814
815
816
817
818
819
820
821

Zwölfte Stunde

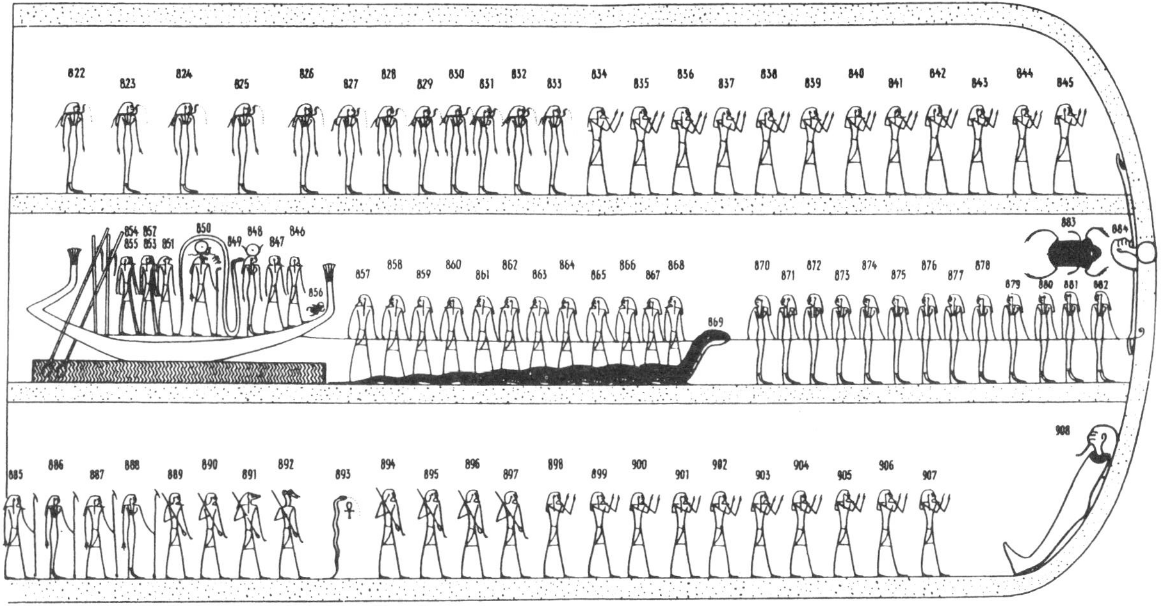

Schlange trägt den Namen „*Ka,* dessen, der die Götter leben läßt". Was hier in Wirklichkeit geschieht, wird im Hinblick auf den Sonnengott Re, und auf alle, die in seinem Gefolge sind, so beschrieben:

„Er tritt ein in ihren (der Schlange) Schwanz, und kommt heraus aus ihrem Maul, indem er geboren wird in seiner Erscheinungsform als Chepri, und die „Götter" (die Seligen), die in seiner Barke sind, ebenso."

Es ist noch anzumerken, daß der *Ka* die Leib-Seele ist, die den Organismus leben läßt. Der *Ba* ist die Geistseele. Sie trennt sich im Sterben vom Körper, um mit dem Sonnengott in seiner Barke die Reise über den gesamten Himmel anzutreten. Und diese Reise umgreift Tag und Nacht, Leben und Tod. Der Ka des Sonnengottes bezeichnet also seine Verleiblichung in neuer Form.

Während des Durchganges durch den Leib der Schlange redet der Gott den Schlangen-Ka an, „damit er glatt sei zur Geburt des Gottes". Alle „treten ein in das geheime Bild der Schlange (die „Leben der Götter" heißt) als „Ehrwürdige" (Alte), und sie kommen heraus als die Verjüngten des Re, Tag für Tag".

Am Ende der mittleren Zeile sehen wir den jetzt voll entfalteten Chepri, den der Himmelsgott Schu (Nr. 884) mit ausgebreiteten Armen am östlichen Horizont des Himmels empfängt – den verwandelt Lebendigen! Am Ende der unteren Zeile bleibt das „Fleisch des Osiris" (sein Leichnam) zurück, während sein Ba verjüngt als Chepri zum Tageshimmel emporsteigt.

Der Schlußhymnus der zwölften Stunde lautet:

„Lebe, du Lebendiger in der Finsternis (des Todes), Herr des Lebens und Herrscher des Westens (des Totenreiches). Der Lebensodem Re's gehört deiner Nase, Der Atem Chepri's ist bei dir ... Heil Osiris, Herr des Lebens!"

Herr des Lebens in der oberen und in der unteren Welt ist der Sonnengott Re in seinem unterirdischen Aspekt, Osiris. Schon in den Pyramidentexten des Alten Reiches der Ägypter vernehmen wir die Verheißung an einen großen Einzelnen, den König:

„Du schläfst, damit du aufwachst, Du stirbst, damit du lebst".

Später galten die gleichen Worte für alle seligen Toten, die vor Osiris bestehen, die ihm auf seinem Weg der Zerstückelung alles Vergänglichen folgen, und die mit ihm zu neuem Leben erwachen, und damit selber zu Osiris werden. Der Weg führt zunächst durch den Todeskanal in das Reich einer unbekannten Finsternis hinein; und in der zwölften Stunde dieses Initiationsweges geleitet der Gott die Menschen durch einen ebenfalls engen und dunklen Geburtskanal ins Licht des Neuen Tages.

Hier auf Erden begrüßen wir die Geburt jedes Menschenkindes als freudiges Ereignis. Aber wer weiß genau, wo es in Wirklichkeit „hell", und wo es „finster" ist?

Wir verlassen nun die Beispiele der Mythen und kommen zu der Frage, was diese alten Erzählungen mit uns, mit unserem persönlichen Leben und mit unseren Fragen um Opfer, um Tod und Wandlung, Sterben und Neugeburt zu tun haben.

Sterben und Neugeburt begleiten uns durch unser ganzes Leben. Jede Lebensstufe hat ihre eigene Zeit. Und wenn wir diese Stufen nicht zum richtigen Zeitpunkt hinter uns lassen, wenn wir sie nicht „sterben" lassen können, dann versäumen wir unser Leben. Dann werden wir allenfalls zu vergreisten Säuglingen, Kleinkindern, oder wir bleiben ewig Pubertierende.

Wir treten nun einen Streifzug durch unser Leben an, um das plastisch werden zu lassen, was ich in den vorangegangenen Sätzen angedeutet habe. Wie wichtig ist es zum Beispiel, daß ein Kleinkind von seiner Mutter erfährt, daß es bedingungslos geborgen ist, und daß es satt wird. Aber ebenso notwendig ist es, daß die fraglose Symbiose zwischen Mutter und Kind – z. B. beim Stillen – zur richtigen Zeit ihr allmähliches Ende findet. Die ersten Auseinandersetzungen schaffen eine neue Lebensstufe. Für die Mutter ist das Kind nun nicht mehr ein Teil ihrer selbst. Der Säugling „stirbt" für die Mutter, sie muß das Opfer bringen, ihr Kind schrittweise in sein eigenes Leben zu entlassen. Und gleichzeitig erprobt das Kind seine oft energischen Möglichkeiten in Trotz, und später im hemmungslosen Ausleben seiner Allmachtsphantasien, die es von den Tatsachen der realen Welt noch nicht zu unterscheiden vermag. Das kostet Zorn und Tränen. Auch das Kind muß seine Wunschvorstellungen opfern, wenn es erfährt, daß es einem anderen Menschen wehgetan hat, also fehlbar ist. Dann benötigt es dringend der verzeihenden Liebe seiner Familie, um wieder auf neue Entdeckungsreisen in seinem Leben ausgehen zu können.

Auf dem Weg durch den „Tod" der Kindheit führt oft ein harter Pfad zur Lebensstufe des jungen Erwachsenen. Nicht nur im Märchen, z. B. von der „Frau Holle", von der „Gänsehirtin am Brunnen" oder vom „Eisenhans" findet in dieser Übergangszeit ein Dienst statt, der dem jungen Menschen ins Leben hilft. Er lernt, seine Kräfte fraglos in den Dienst einer Gemeinschaft zu stellen. Auf dieser Wegstrecke hilft der Prinzessin „Gänsehirtin" eine unscheinbare „Trullenhaut", die eine gütige Fee verleiht, damit sie sich vor der Begehrlichkeit ihres königlichen Vaters schützen kann. In der nächtlichen Verborgenheit an einem Waldbrunnen pflegt sie ihre eigene fürstliche „Haut". Am Tag aber hütet sie eine Schar von „Schnattergänsen" und lernt, das Haus ihrer Beschützerin in Ordnung zu halten. Und der junge Prinz im „Eisenhans"-Märchen muß seine goldenen Königshaare unter einem unscheinbaren Hütchen verbergen, bis er gelernt hat, seine männlichen Kräfte zu entfalten und zu beherrschen. Die Funktion einer vorübergehenden „dicken" oder unschön durch Pickel entstellten Haut hilft manchem Pubertierenden, nicht von einer ungeschützten Sexualität vorzeitig überrannt zu werden. Und unter dem Schutz der „Trullenhaut" wird ein Opferdienst vollbracht, der gleichzeitig ein Initiationsweg ins Erwachsenenalter ist.

So geht es weiter durch ein ganzes Leben. Denn mitten in

aller berechtigten Entdeckerfreude eines noch jungen Lebens bleiben doch keinem Menschen weitere Teil-Tode erspart. Jeder „Tod" ist ein Opfergang, und auf das Ende jeder Lebensstufe folgt eine Wandlung zu neuen Lebensformen, und neue Lebensinhalte werden möglich. – Immer wieder wird das Opfer uns lieb gewordener Lebensweisen, ein Abschied von Illusionen und von Wünschen nötig, wenn unser Leben nicht erstarren soll. Ent-Täuschungen an uns selber und an anderen Menschen sind zu bewältigen, die nur mit der Hilfe einer intensiven Liebesarbeit zu überwinden sind. Diese Arbeit besteht darin, neu sehen zu lernen, sich gegenseitig zuzuhören und dadurch die Andersartigkeit uns fremder oder fremd gewordener Menschen besser zu verstehen. Der Kult einer extremen „Selbstverwirklichung" muß sterben, damit echte Beziehung wachsen kann. Manches hohe Idealbild, das wir von uns selbst haben, wankt, sobald die eigene Haut, das eigene Image gefährdet ist.

Auch Petrus, der das Schwert zog, um seinen geliebten Meister zu verteidigen, mußte wenige Stunden später erfahren, daß er Jesus schmählich verriet. Er weinte bittere Tränen, als er entdeckte, zu welcher Feigheit er fähig war. Sein tapferes Selbstbildnis zerbrach. Aber eben diese Erfahrung befähigte ihn später zu dem, was sein Meister ihm als Lebensaufgabe aufgetragen hatte. Er sollte ein „Fels" sein, auf den sich ein verläßliches Haus bauen läßt, in dem sich alle Menschen geborgen fühlen können. Seine Aufgabe sollte es werden, Menschen zu umsorgen, die ins Wanken geraten sind, wie Petrus selber. Kraft er Erfahrung seiner eigenen Fehlbarkeit erhielt er die Vollmacht, „Sünden zu vergeben". Ein „Petrus", der seiner selbst so sicher wäre, daß er meinte, nur mit Feuer und Schwert eine absolut geglaubte Wahrheit verteidigen zu müssen, würde nicht zum Seelsorger taugen. Er könnte niemand zeigen, daß der Weg zum inneren Heilwerden oft mit Opfern unserer scheinbaren Selbstgewißheit erkauft werden muß, die bitter weh tun.

Schritt für Schritt gehen wir unseren Lebensweg. Es ist,

wie bei einer Gebirgswanderung: Von ferne sehen wir einen Gipfel, den wir ersteigen wollen. Es sah ganz leicht aus. Kaum aber haben wir den ersten vorgelagerten Hügel bewältigt, so taucht schon der nächste auf, der höher und unüberwindlich zerklüftet aussieht.

Immer neue Wege müssen gesucht werden; manchmal ist es nötig umzukehren, weil eine unersteigbar steile Wand auftaucht. Berufsziele mißlingen, menschliche Beziehungen werden fragwürdig. Der Verlust des Arbeitsplatzes zwingt dazu, sich auf einfachste Möglichkeiten des Überlebens mit der Familie zu besinnen. Daran droht mancher zu scheitern. Wir benötigen in diesem Leben ein felsenfestes Fundament, über das nicht jeder von Geburt an verfügt. Man muß viel Stolz opfern, um sich von anderen Menschen helfen zu lassen, weil man einsieht, daß man mit den eigenen Möglichkeiten am Ende angelangt ist. Das ist in materieller und in seelischer Not oft schwer zu ertragen.

Mitunter treten unvorhergesehene Behinderungen, Krankheiten und Schmerzen ein. Sie können Folge von Unfällen sein, die einen Menschen schon in jungen Jahren überfallen haben. Und viele müssen mit ganz „normalen" Rückbildungen und Behinderungen im Alter zurechtkommen.

Wie aus heiterem Himmel trifft oft eine Krankheitsdiagnose einen Menschen, die ihn mit einem bevorstehenden schweren Leidensweg und frühen Tod konfrontiert. Man erschrickt, man begehrt auf, und man fragt, ob das der letzte Weg des Lebens sein soll? Das wünscht sich niemand. Man fühlt sich lahmgelegt, körperlich, seelisch, oder beides. Unversehens hat man sehr viel „freie Zeit" zum Nachdenken – in der Stille langer, schlafloser Nächte, wenn noch niemand weiß, was einen getroffen hat. Man fragt: Warum trifft das gerade mich? Was habe ich falsch gemacht – oder gar: Was ist das für ein ungerechtes, sinnloses Schicksal, das mich zu überwältigen droht? Vielleicht begegnen uns Freunde, die so etwas wie einen Felsengrund unter ihren Füßen haben und uns ohne Ablenkungsmanöver einfach zu dem kommen lassen können, was wir jetzt brauchen, um uns in der neuen Lebenslage zurechtzufinden. Denn solche Krankheitszeiten, ganz gleich, wie sie medizinisch ausgehen, können zu entscheidenden Hilfen auf einem neuen Lebensabschnitt werden. Auch bleibende Behinderungen fördern mitunter das Wachstum neuer menschlicher Qualitäten.

Jeder Mensch weiß, daß es auch Krankheiten gibt, die unausweichlich zum Tode führen. Früher oder später muß jeder von seinem irdischen Leben Abschied nehmen. Wir mögen Stufe um Stufe ein ganzes Leben lang erfahren haben, daß nach jedem noch so schmerzlichen Abschied ein Neubeginn auf oft ganz unerwarteten Pfaden möglich wurde. Aber wie wird das sein, wie ist das, wenn dieses letzte Ziel nicht nur von ferne auf uns zukommt, sondern wenn es uns ganz konkret, hier und jetzt vor Augen steht? Wie können, wie wollen wir auf unseren eigenen Tod zugehen?

In dieser Situation erscheint mir vor allem eines wichtig: daß wir den Tod als einen unabdingbaren Teil, ja eine Notwendigkeit unseres Lebensweges zu erkennen bereit sind. Ohne den Tod der Materie, zu der unser Körper gehört, gibt es kein neues Leben. Und ohne daß wir uns von ehemals wichtigen Stufen unseres Lebens trennen, erleiden wir eine tödliche Erstarrung unserer geistigen Möglichkeiten. Leben und Tod gehören polar zusammen.

Zuletzt möchte ich erzählen, was sich nach dem Bericht des Evangelisten Johannes (3, 1–9) in einer Nacht zugetragen hat. Da kam ein gelehrter Mann zu Jesus mit Namen *Nikodemus*. Er kam bei Nacht, nicht am hellen Tag, an dem unsere rationalen Gedanken wie eine Mauer vor den eigentlichen Fragen unserer Seele aufgebaut sind. Nikodemus hat darüber nachgedacht , was von diesem Wanderprediger aus Galiläa ausgeht, und was es mit seiner Wirkung auf die Menschen seiner Zeit auf sich hat. Und er fragt, aus welcher Wurzel dieser unbegreifliche Mensch seine geistige Vollmacht schöpft. Da antwortet ihm Jesus: „Es sei denn, daß jemand von neuem geboren werde, so kann er das Reich Gottes nicht sehen".

Der erstaunte Nikodemus fragt weiter: „Wie kann ein Mensch geboren werden, wenn er alt ist? Kann er auch wiederum in seiner Mutter Leib gehen und geboren werden?“ Nikodemus tat sich schwer, von seinen rationalen Vorstellungen Abschied zu nehmen, und er mag lange Zeit gebraucht haben, um die weiter weisende Antwort des Christus aufzunehmen: „Es sei denn, daß jemand geboren werde aus Wasser und Geist, so kann er nicht in das Reich Gottes kommen. Was vom Fleisch geboren wird, das ist Fleisch, und was vom Geist geboren wird, das ist Geist. Laß dich's nicht wundern, daß ich dir gesagt habe: Ihr müßt von neuem geboren werden. Der Wind weht, wo er will, und du hörst sein Sausen, aber du weißt nicht, von wo er kommt, und wohin er fährt. Also ist ein Jeglicher, der aus dem Geist geboren ist.“ Nikodemus muß einen wichtigen Teil seiner selbst, seinen rational klugen Kopf opfern, um das angebotene Symbol integrieren zu lernen.

Das *Wasser* zerrinnt uns zwischen den Händen, wir vermögen seinen Fluß nicht zu hemmen. Wenn es im Sand verrinnt, entzieht es sich scheinbar kraftlos unseren Absichten. Und doch: Welche Macht hat dieses Element über harte Steinbrocken, die es rund zu schleifen vermag! Und wie unaufhaltsam können seine Strudel den Widerstrebenden überwältigen! Welche Energien stecken in Bächen und Wasserfällen, oder gar in den Gezeiten des Meeres! Das scheinbar Ungreifbare entfaltet unabsehbare Wirkungen.

Die *Luft* und ihre Bewegung ist für unsere Augen unsichtbar. Den *Wind* vermögen wir noch weniger zu greifen als das Wasser. Wir hören vielleicht sein Sausen von ferne, wenn er die Wipfel der Bäume oder die Berge umweht. Aber ohne daß wir uns dessen versehen, haben wir auf einer Gratwanderung im Gebirge alle Mühe, um uns gegen seine Gewalt aufrecht zu erhalten! Nicht geringer wirkt jedoch auf unser Gemüt das sanfte Wehen einer ersten Frühlingsbrise über einer blühenden Wiese. Da atmen wir auf, da fühlen wir uns belebt, wie neu geboren.

Den Wind vermag niemand zu greifen, aber jeder kann ihn

spüren. *Wasser und Wind sind Bilder* für ungreifbare Mächte, die uns dennoch bewegen und gestalten. Das Gleichnis von Wasser und Wind gebraucht Jesus Christus, der genau um seinen schweren Weg weiß, und der unzweideutig sagt, daß kein Mensch auf Erden darum herumkommt, sein Kreuz auf sich zu nehmen, an dem er selber seinen qualvollen Tod erlitt.

Dieses Kreuz mag ein Bild sein für unsere Existenz in einer zerrissenen Welt, deren Teil wir selber sind.

Unsere inneren Widersprüche, alle Ungereimtheiten der Welt, die ebenso zu hingebender Liebe wie zu unsäglichen Bosheiten fähig ist – all das müssen wir in einem schönen und schweren Leben aushalten, und wir wissen oft nicht, wie wir es bestehen sollen. Jeder Versuch, dieser Wirklichkeit zu entfliehen, ist jedoch zum Scheitern verurteilt. Denn Gott, und der Mensch als sein Geschöpf, hat dunkle *und* lichte Eigenschaften. Ein Mensch muß diesen Widerspruch in seiner irdischen Existenz bestehen. Das sagt Petrus nach seinem Verrat, und das sagt auch der Gekreuzigte, der durchhält bis zuletzt, trotz allem Zweifel, aller Ver-Zweiflung.

In seinem *Gleichnis von Wasser und Wind* zeigt Jesus, wie im Durchgang durch den Tod Unsichtbares und Ungreifbares stärker zu sein vermag, als alle Not. Auf seinem entschlossenen Weg der Suche nach der menschlichen Wahrheit ging er voran durch den Engpaß, der im Opfertod am Kreuz zu einer verwandelten Neugeburt führen kann, deren Wirklichkeit kein Mensch mit Händen zu greifen vermag. Der letzte Sinn jeden Opfers, in dem ein Mensch sich selber darbringt, ist die Wandlung. Wir setzen unser Leben ein im Dienst an anderen Menschen und an unserer Erde. All dies ist letzten Endes ein Gottesdienst. Er beginnt unbewußt mit dem Eintritt in unser Leben, und er vermag in allen Begegnungen dieses Lebens bewußt zu werden. Auch auf das letzte Opfer unseres Lebens können wir bejahend zugehen, bis wir wieder in die tiefe Bewußtlosigkeit des Todes eingehen. Der Opfergang eines sinnvollen Lebens mit seinen Wandlungen hört nicht auf bis zum letzten Abschied.

Mögen zuletzt Menschen und Engel um uns sein, die uns das Vertrauen vermitteln, daß wir durch die Führung segensreicher Hände geleitet und in unserer letzten gewandelten Existenz geborgen sind – geborgen wie ein Neugeborenes auf der anderen Seite der Wirklichkeit.

Anmerkungen

1 Friedrich Panzer, Die Urfassung der Märchen der Brüder Grimm, S. 122, Verl. Vollmer, Wiesbaden, o.J.

2 Daß das Märchen auch als Bild eines weiblichen Sonnen-Mythos gesehen werden kann, sei nur am Rande erwähnt: Dies meint auf kollektiver Stufe das gleiche, wie auf der individuell menschlichen Ebene.

3 Das Gilgamesch-Epos, übersetzt von A. Schott und Wolfram v. Soden, 1974, Reclam, Stuttgart

4 Der Cherubinische Wandersmann, Sammlung Diederichs, Vol. 4, S. 64, o. J.)

5 Erik Hornung, Das Amduat. Ägyptologische Abhandlung 7, Wiesbaden, 1963–1967

10 ZUSAMMENFASSUNG UND AUSBLICK
(Abschließende Besinnung über den Sinn des Opfers in der heutigen Zeit)

Die ausgewählten Beispiele dieses Buches enthalten *Bilder,* zu denen es keinen Text gibt, und Texte, die zwar sprachlich gefaßt sind, aber dennoch Bilder vor unserem inneren Auge entstehen lassen.

Es werden Opferbräuche dargestellt, die alle blutig sind und den Tod des Opfers bedeuten. Sie werden in der *Frühzeit* ohne Altar, direkt für die Erde (den Acker), oder an die Schutzgötter eines Tieres dargebracht. Man erhoffte sich durch diese Gaben eine Fruchtbarkeit des Landes, und die Erhaltung der Tierart, von deren Beständen man lebte. Diese Opfer wurzeln in einem geistigen Kollektiv, in welches das Individuum noch mehr oder weniger unreflektiert eingebunden war. Die Opfergabe war ein Teil des sie opfernden Menschen.

Bei den *Ainu* wird das Tier zum Bild des Gottes. Sie verehren die „bärenstarke" Kraft dieses Gottes. Sie fangen in regelmäßigen Abständen einen kleinen Bären, den Sohn des Gottes ein. Ihn lieben und zähmen sie. Wenn dann das reale Tier seine volle Bärenstärke erlangt hat, wird es „zu seinen Eltern gesandt", indem man es vierteilt (kreuzigt!). Die Menschen nehmen darauf im kultischen Mahl die ersehnten Bärenkräfte in sich auf. In manchen *Schöpfungsmythen* werden alte Urmächte getötet, zerstückelt, und aus den Teilen wieder eine neue Welt erschaffen, zum Beispiel im Zweistromland zwischen Euphrat und Tigris beim Kampf des Marduk mit Tiamat, oder bei der Entstehung einer „Neuen Welt" aus dem Leib des zerstückelten Urriesen Ymir bei den Germanen. In diesen Mythen läßt sich zum erstenmal die Andeutung einer *Wandlung* von Altem in Neues erkennen. Aber auch der Urmythos spiegelt das noch kollektive Bewußtsein eines Volkes wider.

In den alttestamentlichen Texten, z. B. von Kain und Abel,

sowie von der Opferung Isaaks durch Abraham taucht das Thema einer innerseelischen Wandlung auf: Abraham soll zwar seinen Sohn, an den sich alle seine Hoffnungen und Wünsche geknüpft hatten, zum Opfer bringen, aber nicht real, sondern in einem inneren Kampf um die Freigabe dieses ihm anvertrauten Kindes zu dessen eigenem Weg. In der biblischen Sprache heißt das: zu dem, was der Gott Jahwe mit diesem Menschenkind vorhat. Das bedeutet, damals und heute, oft eine Enttäuschung der elterlichen Vorstellungen und Wünsche, die schmerzlich ist. Aber das Resultat von Abrahams Opfer ist eine tiefgreifende *persönliche* Wandlung.

Im *Alten Ägypten* gab es unendlich viele Varianten, die vom Totenopfer über den täglichen Erneuerungs- und Wiederbelebungskult für einen Gott bis zu einem Totentext reichen, in welchem sich nicht nur der Mensch mit dem nächtlichen Weg der Sonne identifiziert, sondern – zum erstenmal in der Religionsgeschichte – der Sonnengott selber die Rolle des hilfreichen Führers durch die Nacht des Todes übernimmt. In seinen Erscheinungsformen als Sonnenkind, als Herrscher, als Greis und als Totengott Osiris nimmt der Sonnengott das menschliche Los von Tod und Zerstückelung bis zur Wandlung auf sich, und er geht durch die Urschlange der Schöpfung den Weg zur Neugeburt voran. Dieser Weg, den ich ausführlich in einem früheren Buch[1] beschrieben habe, wird in einem kurzen Extrakt dargestellt. Im Verlaufe der fast drei Jahrtausende währenden Ägyptischen Kultur verschiebt sich der Akzent immer fortschreitend von einem Großen Einzelnen auf die Individuen der vielen Bürger des Landes, vom König allein bis hin zu den Bauern.

Die Opfer im *griechischen Kulturraum* sind so vielfältig, daß sie nicht unter einem einzigen Gesichtswinkel betrachtet werden können. Es gab Menschenopfer, welche erzürnte Götter besänftigen sollten. Bei den Spartanern gab es grausame, pervertierte Inititationsriten, und es gab auch Dank-Opfer an die Götter für einen errungenen Sieg, wobei die große Opfergemeinde im Festessen reichlich an der Gabe für den Gott teil hatte. Diese Massenopfer (Hekatomben) grenzen ebenfalls an die Perversion. Das erkannte Odysseus zunächst nur halb, als er zum ersten Mal aus Troja abfuhr. Seine späteren Irrfahrten brachten ihm die Erkenntnis dessen, was er in Wirklichkeit opfern mußte. Das waren seine „Gefährten", deren Maßlosigkeit Anteil seiner eigenen Unreife waren. Es gab auch Beschwörungsopfer am Eingang zur Unterwelt, um die Schatten der Toten zum Sprechen zu bringen, indem man sie mit dem Blut schwarzer Opfertiere – den Symbolträgern menschlicher Habgier – dazu befähigte. Und es gab die fast unübersehbaren Varianten der *Dionysischen Opfer,* deren Wurzeln in Kleinasien und in Kreta zu suchen sind. Der immer deutlicher werdende Sinn dieser blutigen, noch äußerlich dargebrachten Zerreißungsopfer ist die Verwandlung zu neuem Leben. Das Opfertier, in welchem gleichzeitig der Gott und sein Priester (der Opferer) sich selber darbrachten, wurde zerstückelt. Auf diesem Weg der Wandlung blieb also nichts so wie es früher gewesen war, alles wurde ganz anders.

Die *Orphischen Fragmente,* die auf uns gekommen sind, verweisen auf einen Weg, der für jeden Menschen im Vollzug der orphischen Mysterien möglich war, und der ihn endlich auch über die Schwelle des realen Todes geleiten sollte. Auf einen *Weg nach Innen* verweist uns endlich auch ein ausführlich beschriebenes Opfer, das uns Heutige noch nahe berühren kann: Es ist die *Blendung* des Riesen Polyphem durch Odysseus und die Selbstblendung des Oidipus. Indem Odysseus das Ein-Auge des Kyklopen zerstört, gewinnt er die Sicht seiner beiden Augen, die die Welt und Odysseus selber nicht mehr *ein*-deutig, sondern vieldeutig wahrnehmen. Die Gestalt des Polyphem verkörpert eine Primitivschicht des Menschen „Odysseus", der in der Begegnung mit dem Kyklopen zu einer neuen Besinnung über sich selber erwacht. Entsprechend sehe ich die Selbstblendung des Oidipus als einen Wechsel des in der klassisch-griechischen Zeit erwachten rationalen Blickwinkels nach außen, zu einer nachdenklichen Wende des Blickes nach innen an. Sein Opfergang von seiner Königsstadt

Theben zum Heiligtum von Kolonos (und letztlich geistig nach Eleusis) ist der Initiationsweg zu einem neuen erweiterten Selbstverständnis des Menschen, der fähig wird, sich mit seinen innerseelischen Gegensätzen zu versöhnen.

Am Beispiel der Reliefs des *Keltischen Opferkessels von Gundestrup* und der zugehörigen keltischen Mythen wird ein nochmals anderer Aspekt beleuchtet, bei dem es weitgehend darum geht, wie ein Gott den Menschen durch kritische Zeiten oder durch Umbruchsituationen geleiten kann. Diese Bilderfolge zeigt einen kultischen Weg, auf welchem der Mensch mit seinen positiven und mit seinen negativen Möglichkeiten konfrontiert und zum zentralen Geschehen des Opfers hingeführt wird. Der keltische Weg ist verschlüsselt, wie alles Mysteriengeschehen. Bekanntlich durften die Druiden, die über die entsprechenden Kenntnisse verfügten, nichts aufschreiben, weil eine vorzeitige und unvorbereitete Veräußerlichung den seelischen Prozeß zerstört hätte (ähnlich, wie im alchemistischen Prozeß der Deckel des Gefäßes streng verschlossen bleiben muß, bis das „Opus" ausgereift ist). In der Bilderfolge des Kessels von Gundestrup ist der Weg des Menschen über ein Selbstopfer und den Tod bis hin zur geistigen Wandlung erkennbar. Und in dem zentralen Bild der Opferung des Stieres – des Ausdruckes elementarer männlicher Zeugungskraft – wird deutlich, daß es sich nicht um ein konkretes Tier handelt, sondern um den Weltenstier, der wie auch in den Dionysischen Opfern und im Mithras-Kult –, sich in ständig neuen Metamorphosen wandelt.

Aus der *germanischen Mythologie* wird am Beispiel von Odins Hängeopfer gezeigt, wie er stellvertretend für den nordgermanischen Kulturkreis – um eine Weisheit ringt, die im Zusammenwachsen einer „oberen" und einer „unteren" Dimension möglich wird. Auf der damaligen, weitgehend noch magischen Bewußtseinsebene konnten in den Bildern der Runenweisheit und dem Weisheitstrunk aus Mimirs Quell Erkenntnisse gewonnen werden, auf denen wir Heutigen zwar, sie wiederum verwandelnd, weiterbauen, die wir aber nicht wörtlich übernehmen dürfen, weil dies zu groben Mißverständnissen, z. B. durch den Mißbrauch von Macht mit demoskopischen Mitteln verführt.

Das *Selbstopfer Jesu am Kreuz* kann einen neuen Weg weisen, wie wir unsere widerstrebenden Impulse und Spannungen im Widerstreit mit der Welt durchhalten, bestehen und schließlich in uns vereinigen können. Denn wir wissen um unsere Möglichkeiten hingebender Liebe und der gleichzeitigen Fähigkeit, uns selber und unsere Welt zu zerstören. Gott will seinen Sohn nicht ans Kreuz schlagen lassen; vielmehr sollen wir Menschen die Spannung dieses Kreuzes in uns aushalten lernen. Vor uns selber und vor unseren Mitmenschen müssen wir eingestehen, zu welchen bestialischen Gedanken und Handlungen wir fähig sind – und wem fiele das leicht? Aber wir haben die Möglichkeit, unsere Schuld an uns selber, an unseren Mitmenschen und an unserer Umwelt auf den Opferaltar der Wandlung und der Neugeburt des Lebens zu bringen. Dann kann Umkehr möglich werden.

Zuletzt aber haben wir uns der Frage zu stellen, was die geschilderte Entwicklung des Opfergedankens durch vergangene Kultepochen für uns heutige Menschen konkret bedeuten kann, und welchen Sinn wir darin für uns zu entdecken vermögen. Für Menschen der westeuropäischen Zivilisation gibt es im Grund keine Opfer mehr. Denn man fragt, wenn überhaupt, sehr rational, welchen „Gewinn" denn ein Opfer dem Opfernden bringen kann. Zudem wird ein Opfer fast nur im Sinn erzwungenen Verzichtes verstanden. Damit ist nicht nur ein rein negativer Aspekt angesprochen, sondern es handelt sich eigentlich um ein Kindergartendenken, etwa des Sinnes: Was kriege ich, wenn ich eine Weile darauf verzichte, zu toben und zu schreien oder wenn ich stattdessen eine kleine Hilfeleistung erbringe? Von sogenannten Erwachsenen wird für diese Haltung oft angeführt, daß doch der archaische Mensch seinen Göttern nur deshalb geopfert habe, um ein drohendes Unheil abzuwehren oder um etwa bei der Jagd eine gute Beute zu machen. Diese genannten „rationalen" Begründungen scheinen mir aber eine magische Seelenhaltung zu verdecken. Denn in Wirklichkeit trägt die genannte rationale Denkweise ein Merkmal der geistigen und religiösen Dekadenz an sich, welches niedergehende Kulturen kennzeichnet. Viele springen oft zu schnell mit dem Schlagwort des „Priesterbetruges" für das verdummte Volk um. Solcher „Betrug" ist ein Anzeichen der Veräußerlichung und der Verdrehung des Opfergedankens, wenn der Erlebniskern eines wirklichen Opfers nicht mehr verstanden wird

In symbolischen Opferhandlungen bringt der Mensch zum Ausdruck, daß er am Schöpfungsgeschehen, an der Erhaltung der Schöpfung und am Wandel alles Lebendigen – auch im Tod – mitwirken und teilhaben will, und zwar dienend, mithelfend und unter Verzicht auf egoistische Ziele. Wo das aber nicht mehr möglich ist, weil die Bilder-Sprache des Symbols nicht mehr erfaßt wird, da geht eine Kultur an innerer Sinnlosigkeit zugrunde.

Der Inhalt eines symbolischen Opfers ist ein Gesinnungswandel. Diese Form des symbolischen Opfers ist in Westeuropa kaum mehr einem Menschen möglich. – Aber oft sind die Grenzen zwischen gleichnishaften und realen Handlungen fließend. So sollten wir die friedlichen Protestaktionen vor allem von Jugendlichen nicht unterschätzen. Denn der Einsatz unseres Lebens wird unabdingbar weiter von uns gefordert. Ferner verlangt die Mitverantwortung des Menschen für unsere Welt das Opfer unseres „Wohlstandes". Ein solches Opfer kann jedoch nur in echter demokratischer Freiheit von jedem Einzelnen gebracht werden. Mit aller Entschlossenheit, aber gewaltlos! Diese Möglichkeit unterscheidet uns von den opfernden archaischen Kulturen, und eben die demokratische Freiheit macht ein wirkliches Opfer so schwer, weil es nicht durch äußere „Gaben", sondern nur als „Herzensopfer" möglich ist. Dieses angedeutete Verständnis des Opfers hat zunächst nichts mit dem zu tun, was heute in mißverstandenem Sprachgebrauch etwa für die „Opfer" von Kriegen, Morden und Unfällen gebräuchlich ist. Die „Opfer" der beiden letzten

Weltkriege haben uns nachdenklich gemacht. Daß junge Männer zum Schutz von Volk und Vaterland ihr Leben opfern sollten, verlor seinen Sinn, den dieser Einsatz noch zu Beginn des ersten Weltkrieges für die Meisten selbstverständlich hatte. Ein Soldat oder Offizier stand damals noch in seinem Dienst, den er oft in kultischer Hingabe und singend vollbrachte. Im Hinblick auf die immer raffinierter entwickelten Waffen zur Vernichtung von Menschenmassen und von Kulturen wurde aber diese Weise des persönlichen Einsatzes immer fragwürdiger, zumal die „Führer" der entpersönlichten Bürger ganz offen davon sprechen konnten, daß „lebensunwertes Leben", oder „volksfeindliche Kulturen" „ausradiert" werden müßten. Können die Ermordeten dieser in die Tat umgesetzten Ideologien wirklich „Opfer" genannt werden? Kann man davon sprechen, daß ein wehrloser Mensch das „Opfer" seines Mörders ist? Ganz zu schweigen von den vielen Tausend Verkehrskrüppeln und -toten, die eigentlich nur „zufällig" ihre Gesundheit und ihr Leben verlieren. Oder was ist der Sinn der unmenschlichen „Opfer" der vielen Kleinkriege, die uns nahe umgeben? Vollends verstummt unser Mund beim Anblick von Menschen, die körperlich und seelisch mißbraucht, oder von Naturkatastrophen erfaßt werden.

Auf die Flut dieser Fragen gibt es keine global gültigen Antworten. Für jeden Kontinent, für jede Kultur liegen die Akzente auf einem anderen Gebiet, auch dann, wenn die Probleme der Erde alle zusammenhängen. Ebenso wird jeder Angehörige unserer westeuropäischen Zivilisation *sein* Problem in einem anderen Bereich seines Lebens finden.

Wir müssen uns aber fragen lassen, ob die „Opfer" der eben angedeuteten Art etwas mit uns selber zu tun haben? Wir können beginnen mit der Frage nach der persönlichen Verantwortung der Wissenschaftler für das, was aus den Ergebnissen ihrer Forschung werden wird? Oft wissen sie es zunächst selber nicht. Der mutige Aufruf der Göttinger Atomforscher, die auf die möglichen Folgen der Atomwirtschaft hinwiesen, mag uns jedoch ein positives Beispiel geben.

Eine Großindustrie, die alles „Machbare" bedenkenlos oder ohne die Bereitschaft, Fehlentscheidungen zu korrigieren, weiter durchsetzen will, muß sich fragen lassen, was die negativen Auswirkungen ihrer Produkte auf die Umwelt und auf Millionen von Menschen sein werden. Und ein Heer von Arbeitslosen kann nicht begreifen, worin der Nutzen einer unbegrenzten Rationalisierung der Produktion für die Wirtschaft, für die Staatskassen und für die Arbeiter bestehen soll. Die Beispiele könnten ins Endlose fortgeführt werden, sie betreffen alle Bereiche unseres Lebens. Das reicht von der Politik über Städte-Planungen bis zur „Beschleunigung" unseres Lebens durch die Technik und bis in unser Familienleben. Was haben die „Opfer" von Kriegen, von Verkehrsunfällen mit uns, mit unseren persönlichen Egoismen zu tun?

In dem Kapitel über die griechischen Opfer tauchte auch das Phänomen des *pervertierten Opfers* auf, welches Tantalos den Göttern „darbrachte", um ihre Allwissenheit auf die Probe zu stellen. Tantalos wollte wissen, ob die Götter merkten, daß er ihnen bei einem Gastmahl das Fleisch seines Sohnes Pelops vorgesetzt hatte. Die Götter merkten es. Ihre Antwort war, daß sie, die bis dahin mit den Menschen zu Tische gesessen hatten, sich aus der Gemeinschaft mit den Menschen ins Unsichtbare zurückzogen. Seither gab es keine direkte Beziehung mehr mit den Olympiern, die für die Menschen ungreifbar und unbegreifbar in einer unirdischen Höhe thronten. Seither wurden die „Qualen des Tantalos" sprichwörtlich, der in süchtigem, immer mehr „Habenwollen" schmachtete. Stehend im Wasser mußte er dürsten und alle herrlichen Früchte dieser Welt wichen vor ihm zurück, wenn er nach ihnen greifen wollte.

Zum Abschluß möchte ich die Frage stellen, ob die Opfer, die wir in einem sinnlos gewordenen Sprachgebrauch als solche bezeichnen, und die diesen Namen nicht verdienen, etwas mit dem pervertierten Opfer des „Tantalos" *in* uns zu tun haben? – Könnte es sein, daß die Verkehrstoten und -krüppel ein kollektives „Tantalos-Opfer" unserer technisierten Gesellschaft sind, die im gierig-süchtigen Habenwollen alles Menschenmöglichen keine Grenzen mehr findet? Die „Götter" lassen sich nicht in Versuchung führen, aber sie kehren unsere Versuche auf uns selber zurück. Denn „Tantalos" erfährt, daß alles maßlos Begehrte für ihn nicht mehr zu haben ist. Nicht einmal das lebensnotwendige Wasser!

Im Grunde kennt heute jeder nachdenkliche Mensch die „Nebenwirkungen" eines Fortschrittes, vor denen noch viele aus Gewinnsucht oder aus anderen Gründen die Augen verschließen. Vielleicht aber auch ist ein „Teufel" im Spiel, der uns in die Hybris treibt und über unsere „gottgleichen" Allmachtswünsche stolpern läßt. Vielleicht hat er die Aufgabe, uns aus unserer Lethargie aufzurütteln! Denn immer mehr Menschen ahnen heute, daß nicht nur der Mißbrauch von Forschungsergebnissen, sondern vor allem die menschliche Maßlosigkeit die Ursache unseres Elends ist. Davor erschrecken wir. Aber gerade dieser Schrecken über unsere menschlichen Möglichkeiten kann zur Wende, zu einem Wandel führen. Zwar vermag niemand, das Ruder der ganzen Welt alleine herumzureißen. Aber jeder kann bewußt kleine, persönliche Opfer bringen, und diese den angedeuteten furchtbaren Massen-„Opfern" entgegensetzen, die die menschliche Gesellschaft unwissend inszeniert.

Ein Schrecken vermag den Anstoß zu „kleinen" Opfern zu geben. Dieser Schrecken betrifft einzelne Menschen und läßt sie an allen Gliedern erbeben. Das vermag eine neue Entwicklung in unserem Leben zu bewirken.

Die „Verkehrsopfer" und ähnliche Unglücksfälle können nicht im üblichen Sinn des Wortes als „dargebrachte Opfer" betrachtet werden wie die blutigen Tieropfer der Frühzeit. Sie müssen vielmehr mit den pervertierten „Opfern" eines Tantalos verglichen werden, der seine Götter in Versuchung zu führen gedachte und über seine Hybris stolperte. Dieser „Tantalos" hat heute seinen versteckten Sitz in uns, wenn wir – nicht wissend, was wir tun – unsere Mitmenschen und uns selber in tödliche Gefahren rasen lassen. Ein Schrecken jedoch, der uns beim Erleben oder beim Anblick eines entgleisten und abgestürzten Superschnellzuges erfaßt, vermag schlagartig nicht nur unser Mitgefühl, sondern auch unsere Hilfsbereitschaft und unsere Opferbereitschaft zu wecken. Und wenn das geschieht, dann wird ein „Perversionsopfer“, das wir unbewußt verursacht haben, sich in uns, in ein echtes Gesinnungsopfer verwandeln. Dann setzt nicht nur die äußere und oft äußerste Hilfsbereitschaft ein, sondern es kann auch unser Verantwortungsbewußtsein für das tägliche Leben erwachen. Alle persönlichen Entscheidungen werden schließlich auch ihre positiven Wirkungen auf die menschliche Gemeinschaft haben. Keine echte Wandlung beginnt im Kollektiv, sondern bei Individuen, und in kleinen Parzellen.

Es kostet Mut, diese Gedanken in die kleinen Schritte des täglichen Lebensvollzuges umzusetzen, und den Reichtum des Lebens auch in den sinnvollen Opfern des Alltages zu suchen.

Vor dem Beginn dieses Buches steht ein modifizierter Vers aus Friedrich Schiller's Ballade „Der Taucher“.

Den Abschluß möge der Wahlspruch einer Selbsthilfegruppe aus Namibia in Südwestafrika bilden. Dort arbeitet unbeirrt eine kleine Menschengruppe inmitten einer Gesellschaft, in der das Faustrecht des „Stärkeren“ allgemein gültig ist.

„Viele kleine Leute,
die an vielen kleinen Orten
viele kleine Dinge tun,
werden das Angesicht der Erde verändern.”

Anmerkungen

1 Clarus, Ingeborg, Ägyptische Mythen, S. 129 ff., Bonz-Verlag 1980

GESAMTLITERATURVERZEICHNIS

Das Alte Testament, 1 Mos. 4, 1–16 und 1 Mos. 22, 1–19
Bächthold-Stäubli, Handbuch des Deutschen Aberglaubens, 1929
Batchelor, John, The Ainu and their Folklore, S. 483–495, London 1901
Botheroy, S. –P., Lexikon der Keltischen Mythologie, Diederichs 1992
Buber, Martin, Die vier Zweige des Mabinogi, Inselverlag 1922
Burkert, Walter, Homo necans (Griechische Opferbräuche), Studienbuch, II. Aufl. 1997
Burland, Cottie, Götter und Schicksalsglaube im alten Mexiko, Herder 1978
Clarus, Ingeborg:
Ägyptische Mythologie, Bonz 1979
Odysseus und Oidipus, Bonz 1986
Der Weg des Odysseus, Bonz 1997
Keltische Mythen, Der Mensch und seine Anderswelt, Walter 1991
Eliade, Mircea:
Quellentexte zur Geschichte der Religiösen Ideen, Herder 1981
Mysterien der Wiedergeburt, Insel 1974
Die Religionen und das Heilige, Insel 1986
Schamanismus und archaische Ekstasetechnik, Suhrkamp, Wissenschaft Nr. 126
Eschenbach, Wolfram v. Parzival, Darmstadt 1963
Euripides, Iphigenie auf Aulis, in sämtlichen Tragödien des Euripides, Vol. II, Kröner o. J.
Grimm, Jakob und Wilhelm, Deutsche Kinder- und Hausmärchen, Manesse
Das Gilgamesch-Epos, übertragen von A. Schott und Wolfram v. Soden, Reclam, Stuttgart 1974
Golther, Wolfgang, Handbuch der Germanischen Mythologie, Reprint bei Magnus, Stuttgart 1908
Grosse, Rudolf, Der Silberkessel von Gundestrup, Dornach 1963
Hachmann, Rolf, Gundestrup-Studien, Zabern 1991
Hatt, Jean Jaques, in Diederichs-Lexikon 1992
Heimeran, Der Rinderraub (Cu Chulinn-Epos), München 1976
Hetmann, Frederik, Märchen aus Wales, Diederichs 1982
Homer, Die Ilias
Die Odyssee, bd. Reclam, Stuttgart
Hornung, Erik, Das Amduat, Wiesbaden, 1963/1967
Das Hymir-Lied, Ältere und jüngere Edda des Snorri Sturluson, in „Texte der Forschung, Bd. 48, S. 507/508. Wissenschaftliche Buchgesellschaft, Darmstadt
Jensen, Adolf, Die getötete Gottheit, Kohlhammer, Stuttgart 1966
Jirku, Anton, Die Welt der Bibel, Cotta, Stuttgart 1957
Jung, C. G., G. W. 11. Walter-Verlag
Kern, Otto, Orphische Fragmente, Berlin 1920
Kerényi, Karl, Dionysos, Langen und Müller, München 1976

Keller, Otto, „Die Thiere des Klassischen Alterthums in kulturgeschichtlicher Beziehung“, Innsbruck 1887
Lommel, Andreas, Die Welt der frühen Jäger, München 1965
Lurker, Manfred, Wörterbuch der Symbolik, Kröner 1985
Das Neue Testament, Markus, Matthäus, Lukas, Johannes
Nicholson, Irene, Mexikanische Mythologie, E. Vollmer 1967
Der Kleine Pauly II, DTV 1979
Panzer, Friederich: Die Urfassung der Märchen der Gebrüder Grimm, Verlag Vollmer, Wiesbaden, o. J.
Rad, Gerhard v., Das Alte Testament, Deutsch, 6. Aufl. 1961, Vandenhoeck u. Rupprecht, Göttingen
– Die Opferung des Isaak, Kaiserverlag, München, 1976
Rembrandt, in sämtlichen Radierungen, B. 35, Belserverlag, 1978: Das Opfer Abrahams
Silesius, Angelus: Der Cherubinische Wandersmann, Sammlung, Diederichs, Vol. 4, o.J.
Sophokles, König Oidipus
– Oidipus auf Kolonos, bd. Reclam, Stuttgart
Simek, Rudolf, Lexikon der Germanischen Mythologie, Kröner 1995
Tschudi, J. J., Peru, St. Gallen, 1846
Thurneysen, Rudolf, Die irische Helden- und Königssage bis zum 17. Jh., Hildesheim, Georg, Olms Verlag 1980
Keltische Sagen aus dem alten Irland, Wiesbaden 1984
Sammlung Thule, Vol. I, II und XX. Diederichs 1922–1925
De Vries, Jan, Keltische Religionen, Kohlhammer, Stuttgart 1961
Westermann, Claus, Forschung am Alten Testament, Kaiser-Verlag, München 1964